Mina mit dem blauen Kleid

Moderne Erzählungen iranischer Frauen

Eine Anthologie

Herausgegeben von M.H. Allafi

Der andere Orient 11

Die Übersetzung aus dem Persischen wurde mit Mitteln des Auswärtigen Amtes unterstützt durch die Gesellschaft zur Förderung der Literatur aus Afrika, Asien und Lateinamerika e.V.

Die Deutsche Bibliothek - CIP-Einheitsaufnahme

Mina mit dem blauen Kleid : moderne Erzählungen iranischer Frauen ; eine Anthologie / hrsg. von M. H. Allafi. - Frankfurt/Main : Glaré-Verl., 1999
(Der andere Orient ; Bd. 11)
ISBN 3-930761-13-0

---

1. Auflage 1999
© Glaré Verlag, Frankfurt/Main
Alle Rechte vorbehalten
Lektorat: S. Siebenschläfer
Umschlag: Annahita
Druck: Fuldaer Verlagsanstalt
ISBN 3-930761-13-0

Inhalt

Vorwort		5
Forugh Farrochzad	Geschenk	9
Azardokht Bahrami	Ssafieh	10
Nahid Tabatabai	Mina mit dem blauen Kleid	24
Manssureh Sharifzadeh	Ein Foto von uns beiden	40
Simin Daneshwar	Der Garten der Steine	50
Behjad Malak-Kiani	Oh Baba!	58
Simin Daneshwar	Wüste	63
Khatereh Hedjasi	Der Mörder und der Künstler	80
Farkhondeh Aghai	Wolga	89
Mahshid Amir-Shahi	Die Last	104
Mah-Kahmeh Rahimzade	Die Pusteblume	110
Fereshte Ssari	Verlorene Zeit	118
Moniro Ravanipur	Angst vor der Zukunft	124
Nasrin Parsa	Eine andere Pubertät	132
Mehrnush Mazarei	Die Geschichte eines ungeheuerlichen Verbrechens	136
Mehri Yalfani	Samiras Einsamkeit	141
Goli Taraghi	Mein Haus im Himmel	150
Shalah Shafigh	Der Nebel	171
Ssoudabeh Ashrafi	Staubflut	178
Worterklärungen		189
Nachwort		193
Die Autorinnen		197

Vorwort

Die Frauen in einem Land wie Iran haben es im Vergleich zu ihren „Schwestern" in Deutschland wirklich schwerer, sich zu behaupten. Das ist eine Tatsache, die niemand leugnen kann. Dennoch scheint es mir allerdings verkürzt, die Gründe für die Doppel- (im Falle Iran sogar mehrfache) Bürde, die auf den Frauen lastet, nur in der Herrschaft der islamischen Kleriker zu suchen - auch wenn diese gesellschaftliche Gruppe und ihre Helfershelfer die Frauen in den letzten zwei Jahrzehnten gemeinhin tagtäglich auf die übelste Weise zu demütigen versuchten. Die Frauenprobleme und ebenso die Probleme der iranischen Autorinnen scheinen ein breit geschriebenes gesellschaftliches Manifest zu sein, und ihre Lösung bedingt selbst ohne theokratische Herrschaft starke kulturelle Veränderungen. Die hier vorliegenden achtzehn Erzählungen iranischer Gegenwartsautorinnen bezeugen dies aus unterschiedlichen Perspektiven und in unterschiedlicher Weise. Um die Frauen und ihr Anliegen zu verstehen, brauchen die Männer nun wahrhaftig nicht päpstlicher zu sein als der Papst, es ist lediglich erforderlich, dem anderen Geschlecht ein wenig Gehör zu schenken und sich und seine Gesellschaft in dem Spiegel zu betrachten, den die Frauen einem vor die Nase halten, obschon häufig mit verzerrtem Bild.

Zum Glück greifen heute in Iran wie auch im Ausland Hunderte iranischer Frauen trotz anderweitiger Berufsarbeit und ihrer familiären Verpflichtungen zur Feder, wenn ihre Erzählungen und Romane auch mit viel Leid, Wehklagen und einer Art Erhebung der Anklage gegen Unbekannt oftmals von einer kläglichen Passivität zeugen. Und obwohl bei den meisten iranischen Autorinnen der Blick nach vorn verwehrt bleibt, sollte man dies den Frauen nicht allein in Rechnung stellen, denn sie befinden sich wie ihre männlichen Kollegen in einer desolaten Situation, die anscheinend wenig Grund zur Hoffnung bietet. Aber vielleicht könnte man doch das Schreiben an sich als Grund für Optimismus deuten. Denn zum ersten Mal in der Geschichte Irans bearbeiten diese Frauen in großer Zahl ihre Sozialisationsgeschichte literarisch. In den achtzehn Erzählungen ist, selbstverständlich in literarisch unterschiedlicher Qualität, die Frau ein Mensch mit vielen Gesichtern, der zwischen dem Hier und Dort, zwischen West und Ost, dem Gestern und dem Heute und vielleicht auch der Zukunft hin und her gerissen ist. In der Erzählung „Mina mit dem blauen Kleid" z.B. wird Mina zu einer abstrakten Frau, die Jahrzehnte mit einer echten Liebe in der Brust, einer unerreichbaren Liebe, ein gefälschtes Leben führt. Man könnte sich fragen, wie viele Minas sterben müssen, damit ihre später erscheinenden Seelen eine lebendige Mina vervollständigen können? Wird es wirklich am Ende eine vollwertige, selbstbestimmte Frau geben? Oder umgekehrt, wie in der Erzählung „Angst vor der Zukunft", wie viele Männer müssen kommen und gehen, bis die Malerin schließlich den idealen Mann porträtiert, mit dem eine Frau eine echte Liebe erleben und ein echtes Leben führen kann? Ist das überhaupt möglich unter den herumlungernden nichtsnutzigen Männern, welche die Frau immer wieder als das Wesen betrachten, das der männlichen Hilfe bedarf? Ravanipur jedenfalls läßt ihre Frau ewig suchen und ihre Funde zur Schau stellen. Die Frau ist also eine Verwirrte der modernen Zeit bei ihr ebenso wie in der Erzählung „Die verlorene Zeit" von Fereshte Ssari, wo sich die Frau in einer nebulösen Gesellschaft, in einem Labyrinth, befindet, allein und verlassen wie ein im Menschengewimmel verlorengegangenes Kind, dem die Beine der Umstehenden als Gitter erscheinen – ein ewiges Gefängnis für die Frau? Oder wie ein verlorenes Kind, das in einer Sklavin seine Mutter sucht, in einer liebevollen Sklavin. Wehe der Frau, die ihre Gedanken über die Gesellschaft hinaus weiter als erlaubt schweifen läßt, dann ist sie eben ein Wesen aus der Pharaonenzeit, das nicht verstanden wird, obschon die Frau in Khatereh Hedjasis Erzählung „Der Mörder und der Künstler" am hellichten Tag eine Fackel in der erhobenen Hand haltend in den Scharen der um einen ungerechten Richter versammelten Menschen mitmarschiert, um die infolge politischen Kalküls verdeckte Wahrheit zu beleuchten. Ein vergeblicher Versuch? Mehri Yalfani schildert in „Samiras Einsamkeit" ebenfalls eine Frau in der Dunkelheit des Lebens, einsam, aber suchend, wartend. Wartend auf einen Mann? Als sie sich begegnen, ist es zu spät geworden. Die ergraute Frau kennt keinen Mann mehr oder kann keinen Mann gebrauchen. Vielleicht hat sie die Begierde nach einem Mann in sich abgetötet, im Gegensatz zu der Frau, die in Mehrnush Mazareis Erzählung „Die Geschichte eines ungeheuerlichen Verbrechens" den Mann in einem Restaurant durch Messerstiche ermordet, um ihn wieder lieben zu können. Ist ein guter Mann ein toter Mann, oder will sie das Bild des geliebten Mannes in ihrer Utopia verewigen, keinen Verrat mehr erleben, oder seinen Verrat rächen?

Die Frauen in den Erzählungen werden verraten und getrieben bis an die Grenze der Vernichtung, wie Ssafieh und ihre Tochter, die Azardokht Bahrami als engagierte Frauen charakterisiert. Und es gibt keine Solidarität von seiten der „Schwester", im Gegenteil, sobald eine Frau von den gesellschaftlichen Normen abweicht oder durch Zufall und Unglück abrutscht, wird sie selbst von der besten Freundin zurückgestoßen, wie Wolga, die sich am Ende doch prostituieren muß, um eine Vorgeschichte zu haben, damit sie ein Obdach in einem Obdachlosenheim für herumlungernde Frauen und Prostituierte finden kann. Es ist eben eine karge Zeit. Auch für die Alten, die als Störfaktor von ihren Kindern mit dem Flugzeug zwischen den Kontinenten hin und her geschickt werden, wie es Goli Taraghi einfühlsam schildert.

Schande über solch eine Gesellschaft möchte man da sagen, wenn sie nicht einmal vor den alten Menschen haltmacht und ihnen keinerlei Respekt mehr entgegenbringt. Es reicht ihr nicht, die mit viel Liebe und Beachtung von den Eltern aufgezogenen Kinder wie eine Pusteblume zerfallen zu lassen, so die Erzählung von Mah-Kahmeh Rahimzade. Selbst eine ganz „normale" Familie findet hier keine Ruhe. Es leidet wiederum die Frau, sei es, daß es um ein geschiedenes Ehepaar geht, wie in der Erzählung „Ein Foto von uns beiden", sei es, daß es um die durch eine Klimaänderung eingetretene Armut in der Erzählung „Oh Baba!" geht, in der im Gegensatz zu der Erzählung „Der Garten der Steine" - in der sich der Mann als Scharlatan entpuppt - , der Mann ein sehr lieber Familienvater ist. In den beiden letzten Fällen wissen die Frauen sich Rat.

Die Frauen leiden nicht nur unter der ihnen von der Gesellschaft zugewiesenen Rolle, sondern schon allein ihr physiologisches Dasein wird zu einem Problem. Mit Blick auf dieses „Problem" schildert Nasrin Parsa die Unzulänglichkeit der Frauengesellschaft bei der Aufklärung eines Mädchens in der Pubertät. Nicht weniger schwierig scheint der Umgang mit dem Frauenkörper in der Schwangerschaft zu sein, wie Mahshid Amir-Shahi uns vermittelt.

Die Autorinnen nehmen auch die Männer unter die Lupe der Literatur und erzählen aus deren Sicht von Männern und ihrer Lebensgeschichte allgemein. Doch während Ssoudabeh Ashrafi sich völlig in die Welt der Männer begibt, macht sich Shalah Shafigh zur Beobachterin eines Mannes, der an einem kalten, nebligen Tag bei einer Frau Wärme findet. In der persischen Sprache gilt diese Offenheit der Erzählung als ungewöhnlich, insofern genießt die Autorin vielleicht ihre Freiheit in der westlichen Diaspora mehr als alle anderen sich im Ausland befindenden Autorinnen. Die große Dame der iranischen Literatur, Simin Daneshwar, hingegen bleibt strikt distanziert in ihrer Erzählung „Wüste", in der sie ein Stück der politischen Ereignisse der sechziger Jahre sehr spannend rekonstruiert, wobei allerdings die Frau lediglich als hilfsbedürftige, schwangere Ehefrau vorkommt.

Alles in allem sind die Erzählungen in diesem Band ein geschenktes Fenster, so die Lyrikerin Forugh Farrochzad, durch das vielleicht auch Frauen in Deutschland oder überhaupt Frauen einen Weg zum Glück erblicken können.

M.H. Allafi

Geschenk

Ich erzähle von der Endlichkeit der Nacht

Ich erzähle von der Endlichkeit der Dunkelheit
und der Endlichkeit der Nacht

Wenn Du nach Hause kommst, oh Du Liebste,
so bringe mir Licht und ein Fenster,
durch das ich auf die Fülle
der Straße des Glücks blicke.

Forugh Farrochzad
Aus dem Persischen übertragen von Darioush Ebrahimi

Azardokht Bahrami

❧❧

Ssafieh

„Ich muß dich sehen! Es geht um deine Frau und Kinder."

„Was ist passiert?" Am Telefon konnte man es nicht sagen.

„Hast du sie gesehen?" Ich hatte sie gesehen.

„Wo?" Wenn ich es ihm gesagt hätte, wäre er zu ihnen gegangen.

„Wann hast du sie gesehen?" Ich sagte es ihm.

„Wo, vor einer Dreiviertelstunde?" Es war keine Dreiviertelstunde her, es war vor einer Stunde gewesen.

„Na gut, wo also vor einer Stunde?" Ich sagte ihm, wo, aber ich sagte ihm nicht alles.

„Du scherzt doch?!" Es war ihm sehr ernst. Ich sagte ihm lachend, daß ich es ernst meinte.

„Vor einer Dreiviertelstunde?" Ich korrigierte wieder die Zeit.

„Bleib zu Hause, ich hole dich ab, Sseyareh." Darauf hatte ich hinausgewollt.

„... Sseyareh?"

„Hallo?"

Er hatte mein „Ja, Haj Agha", nicht gehört und fragte: „Was machst du denn?"

Das war seine Angewohnheit. Seine Worte versprengten meine Gedanken in tausend Richtungen. Ich log. Ich hatte das Zimmer überhaupt nicht aufgeräumt, vom Auskehren ganz zu schweigen.

Er sagte: „Wozu? Die Zimmer waren doch ganz ordentlich."

Ordentlich waren sie nicht und sind es auch jetzt nicht.

Er sagte: „Du bist immer so pingelig." Er lachte auf: „Auf Wiedersehen."

Bevor ich etwas erwidern konnte, hatte er aufgelegt.

Ich schluckte den Gruß herunter und spürte einen Kloß im Hals. Ich schaute mich um, die Zeit reichte nicht aus, um Staub zu wischen, die Zeit, bis er seinen Mitarbeitern die notwendigen Anweisungen gegeben und seinen Laden unbesorgt verlassen hatte, bis er durch dieses ganze Gedränge gelaufen war, seinen Nachbarn Grüße entrichtet hatte oder direkt auf die Straße gegangen war, bis der fliegende Händler, der seine Waren auf seinem Auto ausgebreitet hatte, sie abgeräumt, sein Bündel zusammengeknüpft, sich vor dem Haji verbeugt und gefragt hatte, warum er gehe, bevor der erste Kunde gekommen sei, bis der Haji alle vier Reifen seines Wagens kontrolliert und gegen das linke Hinterrad getreten hatte, bis er die Tür geöffnet hatte und eingestiegen war, die Fenster heruntergekurbelt, den Wagen angelassen, sich von dem fliegenden Händler verabschiedet und nochmals den Anlasser betätigt, das Steuer ergriffen und sich nach Hause begeben hatte.

Der dicke Mann kratzte sich am Kopf. „Bist du sicher, daß die Richtung stimmt?"

Ich gab keine Antwort. Der andere Mann nahm das Blatt Papier, das vor mir lag, und studierte es genau.

„Haben Sie gesagt, sie ist die Frau Ihres Herrn?" Es war gelogen.

„Zwei Jahre lang haben Sie nichts von den beiden gehört?" Ich sagte nichts.

„Haben Sie auch das Komitee nicht eingeschaltet?" Wußten wir etwa, so sie waren?

„Haben Sie selbst irgendeine politische Vergangenheit?" Ich hatte keine. Aber ich sagte wieder nichts.

„Und wie steht es mit ihrem Ehemann?" Der Haji hatte mit Politik nichts am Hut.

„Ist ihr Ehemann darüber informiert, daß Sie sich an das Komitee gewandt haben? Warum sind seine Frau und seine Tochter politisch aktiv?" Seine erste Frage war dumm. Ich war gezwungen, seine zweite Frage zu beantworten.

Er sagte: „Auf welcher Seite stehen Sie? Auf ihrer oder auf unserer?" Ich stand auf. Dieser Dummkopf!

Ich verließ leise den Raum.

Ich hörte das Klimpern des Schlüsselbundes in seiner Hand. Wahrscheinlich war er mitten im Hof angekommen, lagerte sein Gewicht auf das rechte Bein und schnaufte kurzatmig. „Sseyareh?" Mit der Zunge zwischen den Zähnen sog er durch den Mund Luft ein.

„Sseyareh?" Ich ließ mir ein wenig Zeit. Im Gehen zog ich mir den Schleier über den Kopf. Als ich bei ihm ankam, lüftete ich den Schleier etwas.

Er musterte mich von Kopf bis Fuß. Die ganze Zeit über mit dem Schlüsselbund spielend, brachte er stockend auf türkisch hervor: „Das nennst du, sich anziehen?" Er glaubte mir nicht, daß ich nicht gut türkisch verstand, obwohl ich ihm stets auf persisch antwortete.

Mit dem Schlüsselbund deutete er auf mein Kleid und sagte: „So?" Ich schüttelte besorgt den Kopf.

Er sagte: „Sich so anzuziehen, heißt, sich fertig machen?"

Er ging sich die Hände waschen. Wahrscheinlich war sein Auto wieder liegengeblieben. Rasch lief ich die Treppenstufen hinauf. Ich holte das Waschpulverpaket aus dem Bad. Als ich eintrat, musterte er mich gründlich. Ich stellte das Waschpulver auf den Waschbeckenrand und legte den Schleier ab. Er hatte die Manschetten seines weißen Hemdes aufgeknöpft, und ich krempelte ihm die Ärmel hoch. Dann drehte er den Wasserhahn auf, beugte sich vor und hielt seine langen, faltigen Hände unter den Wasserstrahl, wobei er mich weiter im Spiegel betrachtete.

Ich reichte ihm das Handtuch. Auch als er sich die Hände abtrocknete, starrte er mich noch an. „Warum haben deine Augen diese Farbe?" Ich lachte verlegen.

„Sie haben so eine Farbe. Hast du sie nicht selbst im Spiegel gesehen?" Ich log wie immer.

Er klappte den Spiegel über dem Waschbecken um. „Komm und schau!"

Mit seinen großen Händen packte er meine Schultern. Der Schmerz zog bis in die Achselhöhlen. Sein Gesicht näherte sich neben meinem Gesicht dem Spiegel. Jetzt wäre der richtige Augenblick gewesen, wenn er gewollt hätte. Aber er hängte das Handtuch über die Türklinke und ging nach unten. Dabei zog er das linke Bein nach. Ich riß den Schleier vom Boden hoch und rannte hinter ihm her. Ich lief ins Zimmer zurück, nahm den Schlüssel vom Fensterbrett und schloß die Tür ab. Dann stieg ich die Treppe hinunter. Ich trat direkt hinter ihm in die Gasse und verriegelte das Hoftor. Bedächtig öffnete er die Autotür.

Ich saß auf dem Beifahrersitz, er schaute mich an und startete den Motor.

„In welcher Firma?" Ich sagte es ihm. Überflüssigerweise zog ich mir den Schleier tiefer ins Gesicht.

„In der Schneiderei wissen sie Bescheid?" Er schaute mich abermals an. Ich zog den Zipfel meines Schleiers über das Kinn und blickte auf die Läden.

„Hat sie dich erkannt?" Ja, sie hatte mich erkannt und mir mit einer Kopfbewegung zu verstehen gegeben, ich solle sie nicht verraten. Und ich hatte ihr gesagt, daß ich es nicht tun würde.

Er fragte: „Welches Muster hatte der Stoff?" Er erlaubte mir nicht, das Thema zu wechseln.

„Ja?" Ich sagte immer noch nichts.

Er beharrte auf einer Antwort: „Ich habe dich nach dem Muster gefragt!" Plötzlich antwortete ich.

„Gutes Kind, nimmt man etwa für eine Tischdecke einen kleingeblümten Stoff? ... Zieh dir den Schleier nicht so vors Gesicht und schau nicht dauernd aus dem Seitenfenster!" Ich wandte mich zu ihm, den Schleier noch fester vors Gesicht gezogen, und schaute wieder aus dem Fenster, bis er seinen Arm um meine Schulter legte, mich zu sich hinzog und mir ins Gesicht sah.

Laut lachend schaute er auf die Straße. „Ich habe dir doch gesagt, wenn du so finster dreinschaust, bist du häßlich!" Er zog mich heftiger zu sich hin, drückte meinen Oberarm und klopfte mir auf die Schulter. Ich sagte: „In die nächste Gasse mußt du einbiegen."

Er faßte das Steuer mit beiden Händen und bog ab. Als ich es gesagt hatte, trat er auf die Bremse, legte den Arm auf die Rückenlehne des Beifahrersitzes und stieß mit dem Wagen zurück. Verwundert schaute ich ihn an. Er sagte nichts, bis ich ihn fragte. Dann antwortete er: „Willst du mit diesem Auto an der Firma vorbeifahren, in der du vor zwei Stunden meine Frau und meine Tochter gesehen hast?" Er nahm mich fest in den Arm und lachte laut.

Nachdem er sich vergewissert hatte, öffnete er wieder die Tür, setzte sich ans Steuer und brachte den Wagen schnell fort. Er sagte nicht, ob sie noch dort gewesen waren. Bestimmt waren sie es. Er sagte es mir nur nicht. Er parkte den Wagen am Straßenrand und stieg wortlos aus. Ich weiß nicht, wohin er ging. Ich schaute ihm nach. Kurz darauf kam er mit zwei Eisbechern zurück. Ich kurbelte das Autofenster herunter und nahm das Eis. Es hätte genügt, wenn die Nachbarn uns so gesehen hätten. Obwohl alle genug davon hatten, ständig zu sagen, diese schamlose Frau nutzt die Abwesenheit der Frau und Tochter des Hajis aus und spielt sich auf. Als er sich ans Steuer setzte, sagte ich es ihm. Er stocherte in seinem Eis herum. Nachdem er drei Löffel davon gegessen hatte, beugte er sich vor und warf den Becher mit dem Rest davon durch mein Fenster in den Straßengraben. Ich sah ihn verwundert an. Er nahm mich noch einmal in den Arm, lachte und stieß stockend die Worte hervor: „Warum hast du deinen Schleier so fest gezogen?"

Er schob meinen Schleier ein wenig zurück und sagte: „Sseyareh, ich habe dir doch gesagt, Blau steht dir nicht. Du solltest es nicht tragen." Er hatte es mir nicht gesagt. Wenn er es gesagt hätte, hätte ich es nicht angezogen.

Ich mochte nicht nach Hause gehen. Genau das sagte ich ihm. Er fragte: „Wohin sollen wir deiner Meinung nach gehen? Nach Hause?"

Ich wollte nicht, daß er zur Arbeit ginge. Das sagte ich ihm. Er sagte: „Ich gehe nicht zur Arbeit."

Ich sagte, ich würde im Auto sitzen bleiben, und er solle mich dahin mitnehmen, wohin er ging. Er lachte: „Nein, du gehst nach Hause, kochst das Abendessen, räumst auf und kehrst die Treppe und den Hof, bis ich heute abend zurückkomme."

Er kommt mitten in der Nacht, wenn ich gerade eingeschlafen bin, schleicht in die Küche, nimmt sich fünf Löffel Reis mit einem Stückchen Butter, ein Schüsselchen Ragout und geht in sein Zimmer. Er spielt am Radio herum, und kaum hat er den letzten Bissen heruntergeschluckt, nimmt er seinen Roman zur Hand. Das alles sagte ich zu ihm. Er erwiderte: „Was ist denn dabei?"

Ich sagte: „Aber ..."

„Was aber?" Er hielt den Wagen an und wandte sich zu mir: „Na?" Ohne ein Wort zu sagen, stieg ich aus. Der Haji stieg ebenfalls aus. Er schloß die Haustür auf und stieg wieder in den Wagen. Er kurbelte das Fenster herunter und sagte kurz: „Tschüß!" Dann kurbelte er die Scheibe wieder hoch und fuhr rückwärts davon.

Im Zimmer warf ich den Schleier in die Ecke. Ich stand vor dem Spiegel. Blau steht mir nicht. Warum hatte ich das nicht gewußt? Ich öffnete mein Haar und ließ es über meine Schultern fallen. Die Wellen meines Haares glänzten. Ich nahm den Kamm. Wie immer trat ich in sein Zimmer, setzte mich auf seine Bettkante und kämmte mein Haar. Als ich mich hinlegte, starrte ich wieder an die Decke, an die er beim Einschlafen starrt. Woran denkt er dann? Ich verbarg mein Gesicht in seinem kleinen, harten Kopfkissen. Den Geruch kenne ich seit Jahren. Ich kenne ihn seit meiner Kindheit. Den ersten hatte er mir gekauft. Er war in mein Zimmer gekommen. Nur dieses eine Mal. Er hatte die Verpackung selbst aufgerissen, hatte ihn in seinen riesigen Händen betrachtet, und, auf sein rechtes Bein gestützt, langsam und deutlich gesagt: „Schau, Sseyareh, du brauchst Cup B. Merk dir das."

Unter seinem Blick wurde mir heiß.

Er legte seine Hand auf meine Schulter und sagte: „Zieh ihn an und bringe mir ein Glas Tee." So verließ er das Zimmer.

Meine Hände zitterten. Mir war heiß. Ich spürte einen Kloß im Hals. Nachdem ich eilig den BH angezogen hatte, stellte ich mich vor den Spiegel. Ich konnte mir nicht ins Gesicht sehen. Irgend etwas in mir war zerbrochen. Als ich in der Küche den Tee aufgoß, zitterten meine Hände. Hieß das, es war eine Frau, die jetzt den Tee aufgoß?

Als ich in sein Zimmer kam, saß er gerade über seiner Buchhaltung. Er bemerkte mein Eintreten nicht. Mit gesenktem Blick stellte ich den Tee auf das Tischchen und drehte mich um, um zu gehen. Er rief mich zu sich. Strahlend wandte ich mich um. Ich stellte mich steif vor ihn. Der Haji lachte. Er sprang hinter seinen Büchern auf und kam auf mich zu. Er klopfte mir auf die Schulter und flüsterte nur: „Herzlichen Glückwunsch." Während er mich zur Tür führte, sagte er: „Sag meiner Frau nichts davon." Und flüsternd fuhr er fort: „Seit drei Monaten sage ich ihr, daß sie sich um das Mädchen kümmern soll. Aber sie hört einfach nicht auf mich."

An jenem Tag hatte seine Frau gesagt, daß alle Männer unvertraut seien und alle gleich. Ihnen sei nicht zu trauen. Sie hatte mir einen Schleier genäht. Sie selbst hatte später keinen mehr getragen. Als sie aus dem Ausland zurückkam, trug sie nicht einmal mehr ein Kopftuch und ließ sich immer weniger im Haus blicken. Wenn sie da war, las sie Bücher und diskutierte stundenlang mit dem Haji. Sie zierte sich und zog aus dem gemeinsamen Schlafzimmer aus, wobei sie flüsterte: „Mit dir kann man nicht mal diskutieren." Als ich Ssafiehs Zimmer aufräumte, hörte ich sie am Telefon sagen: „Das Gute daran ist, daß er mich in Ruhe läßt und daß er an die Meinungsfreiheit glaubt." Er glaubte daran. Er ließ insbesondere Ssafieh in Ruhe und führte keine Diskussionen mit ihr, aber er scheute sich auch nicht davor. Wenn sich die Gelegenheit bot, diskutierte er drei Stunden mit ihr. Nach dem Mittagessen, wenn Ssafieh außer sich geriet, ging der Haji, um die rituelle Waschung zu vollziehen.

Ich wälzte mich hin und her. Ich schaute Ssafieh in dem kleinen Bilderrahmen auf dem Tisch neben den Büchern an. Warum hatte sie mich nicht vor die Tür gesetzt? Ssafieh war gegangen. Ich war als Teil von Ssafiehs Aussteuer ins Haus gekommen. Aber Ssafieh war nicht mehr da. Warum hatte er mich nicht entlassen?

Als ich aufwachte, war es Nachmittag. Eilig brachte ich die Zimmer ein wenig in Ordnung. Als ich in die Küche ging, um Essen zu kochen, hörte ich die Haustür klappen. Nur er konnte die Haustür so leise schließen. Ich schnippelte gerade Kartoffeln, als er eintrat. Wenn ich in der Küche bin, betritt er sie nicht. Aber dieses Mal kam er herein. Er stand hinter mir. Er strich mir kurz über das Haar. Ich hielt den Atem an. Seine Berührung ging mir durch und durch. Ich ließ mir nichts anmerken. „Du trägst dein Haar offen. Bist du wieder im siebten Himmel?" Er drehte sich um, wollte gehen, aber er machte auf der Türschwelle kurz halt. „Im übrigen, schneide die Kartoffelstücke nicht so grob. Spare doch ein wenig von deinen Gefühlen für das Kochen auf." Aus seinem Zimmer heraus rief er: „Mach dich fertig, wir gehen!" Voller Freude goß ich Wasser über die Kartoffeln, damit sie nicht braun würden. Das Messer warf ich ins Spülbecken. Ich wischte mir die Hände an meinem Kleid trocken und stand vor seiner Zimmertür. Ich betrete sein Zimmer nicht. Er mag das nicht.

Er war ungeduldig, das war zu sehen. „Mach dich schnell fertig", sagte er. Ich lief rasch in mein Zimmer und warf mir den Schleier über den Kopf. Vor meiner Tür stieß ich mit ihm zusammen. Er ergriff mein Handgelenk und zog mich in die Mitte des Zimmers. Er öffnete meinen Kleiderschrank. Er zog den Mantel und das Kopftuch heraus, die er mir aus seinem Laden mitgebracht hatte, drückte sie mir in die Hand, lehnte sich an die Schranktür und sagte: „Zieh sie an!" Er starrte mir in die Augen.

Langsam zog ich den Mantel über. Das farbige Tuch wickelte ich mir wie einen Schal um den Kopf. Erstarrt schaute er mich an. Ohne zu zögern, folgte ich ihm aus dem Zimmer.

Vor dem Laden hielt er an. Er stieg aus und öffnete die Beifahrertür für mich. Aber ich stieg nicht aus. Er bückte sich, ergriff mein Handgelenk und zog mich aus dem Wagen. Ich löste meine Hand aus seiner Umklammerung, strich meinen Mantel glatt und folgte ihm langsam in den Laden. Er steuerte direkt auf Ssafieh zu und blieb vor ihr stehen. Aliehs schwerer Blick lag auf dem Haji. Der Haji lagerte sein Gewicht auf das rechte Bein, er legte den Autoschlüssel langsam vor Ssafieh hin: „Geht rasch, steigt ins Auto und fort!"

Ssafieh starrte ihn mit offenem Mund an. Sie ließ die Nadel los, führte ihre Stickarbeit zum Mund und biß den Faden ab. Ein Stück Faden, das an ihren Lippen hängengeblieben war, entfernte sie mit der Hand. Sie legte die Stickarbeit auf den Tisch, und während sie ihn anschaute, schob sie ihm den Schlüsselbund wieder hin. Mit den Augen auf Alieh deutend, lief sie am Haji vorbei. Sie warf einen schweren Blick auf mich und ging. Alieh riß wie die Mutter ihre Handtasche an sich und lief an uns vorbei durch die Tür. Der Haji sagte zu dem Mann, der am Zuschneidetisch stand: „Tschüß."

Er machte einen Schritt rückwärts, dann drehte er sich auf dem rechten Bein um und verließ mit wenigen großen Schritten den Raum. Ich folgte ihm.

Ssafieh und Alieh hatten sich auf die Rückbank gesetzt. Der Haji öffnete mir die Beifahrertür. Als ich mich gesetzt hatte, schlug er die Tür zu.

Ssafieh flüsterte: „Dreckssack!" Sie kurbelte die Fensterscheibe bis zum Anschlag nach unten und spuckte heftig auf die heiße Straße aus.

Der Haji ging um den Wagen herum, öffnete die Fahrertür und setzte sich wortlos hinter das Steuer.

Alieh fragte: „Wohin fahren wir?" Sie schaute Ssafieh an. Keiner antwortete ihr.

Ssafieh knüpfte die Zipfel ihres Kopftuches fester zusammen und wandte sich ärgerlich zu dem Haji: „Sie ist meine Nachfolgerin?"

Der Haji schaute Ssafieh nur im Rückspiegel an.

Alieh hatte den Ellenbogen auf die Rückenlehne des Vordersitzes gestützt und starrte, den Kopf in der hohlen Hand, den Haji an: „Wohin fahren wir, Vater?"

Der Haji erwiderte: „Ihr seht schlecht aus."

Ssafieh sagte: „Zum Komitee, nicht wahr?" Dann wandte sie sich zu mir: „Du Dummchen, ich habe es von Anfang an gewußt."

Der Haji sagte: „Dein Kopftuch sitzt nicht richtig. Es steht dir überhaupt nicht. Schau mal Sseyareh an."

Stimmte das?

Ssafieh sagte: „Warum hast du uns geholt?"

Der Haji lachte und sagte stockend: „Du sprichst sehr ernst."

Ssafieh zeigte voller Verachtung auf mich: „Die hat es dir gesagt? Warum hast du sie nicht in die Provinz zu ihrer Mutter zurückgeschickt?"

„Wen?"

„Obwohl ich denke, daß sie jetzt deine Frau geworden ist."

Sie wußte nicht, daß er mich, abgesehen vom gelegentlichen Streicheln meiner Haare, noch nie berührt hatte, nicht einmal meine Hände. Alieh lehnte sich zurück und schaute aus dem Seitenfenster nach draußen. „Jetzt ist es soweit."

Wir fuhren am Komitee vorbei. Als er nach rechts abbog, schaute ich in den Seitenspiegel. Der Patrol war ebenfalls nach rechts abgebogen. Der Haji konnte es im Rückspiegel sehen und gab Gas. Ssafieh fragte: „Wohin so eilig?"

Man hörte die Sirene. Im Seitenspiegel erkannte ich, daß es nun zwei Autos waren. Ssafieh sagte: „Jetzt ist es aus!"

Alieh reckte sich und schaute nach hinten. „Wie? ... Sind wir verraten worden?"

Ssafieh sagte: „Ich dachte es mir schon. Halt hier an."

Der Haji schenkte ihr keine Beachtung. Die Sirene wurde lauter. Ssafieh schrie: „Halt an, du Scheusal!"

Der Haji erwiderte ruhig und stockend: „Wo? Hier? ... Hast du keinen Verstand, du Gans?"

Ssafieh entgegnete erbost: „Hast du das etwa nicht gewollt? Warum gibst du dann Gas und spielst dich auf?"

Der Haji sagte ruhig und bedächtig: „Wenn du ein wenig Verstand besäßest, wärest du, als Sseyareh fort war, aus dem Laden verschwunden."

Ssafieh sagte: „Meinst du, ich hätte nicht daran gedacht? ... Ich dachte, vielleicht besitzt du so viel Verstand, uns nicht zu verraten. Seit sechs Monaten wechseln wir jede Woche unseren Aufenthaltsort. Außerdem habe ich gedacht, du holst uns vielleicht ab."

Alieh lachte verächtlich: „Das hat er ja getan."

Ssafieh sagte: „Ich wußte nicht, daß du so wenig Ehre im Leib hast. Wegen dieser Vogelscheuche."

Der Haji sah mich an: „Beiße nicht auf deinen Fingernägeln herum!"

Durch den Lautsprecher wurden wir verwarnt. Ssafieh schaute voller Haß auf die Straße. Der Haji wendete. Aber es war sinnlos. Wir waren umzingelt. Er machte den Motor aus, lehnte sich zurück und stieß einen langen Seufzer aus. Ssafieh öffnete die Wagentür und sagte zu dem Haji: „Drecksack!"

Mich sah sie nicht an. Sie stieg aus und ging. Alieh folgte ihr.

Ich goß das Kartoffelwasser fort. Ich wickelte die Kartoffeln in das Küchentuch. Als das Fett heiß war, warf ich die Kartoffeln in die Pfanne und wendete sie.

Ich schaltete den Herd aus, wusch mir die Hände, ging in sein Zimmer und breitete seinen Gebetsteppich auf dem Boden aus. Etwas nach rechts geneigt, seine Gebetskette wie eine Augenbraue über den Gebetsstein gelegt, setzte ich mich auf sein Bett. Mal betete er eine Woche lang und kniete nieder, und sein „Allaho akbar!" hallte in allen Zimmern wider. Wenn er sein Gebet fast zu

Ende gebracht hatte, fiel sein Blick entweder auf den Schrank oder auf seine hochgekrempelten Hemdsärmel, die er nach unten strich und zuknöpfte. Oder er säuberte seine Ohren und putzte sich die Nase. Dabei horchte er mit einem Ohr auf die Geräusche aus der Küche. Nach dem Gebet warf er einen Blick in die Küche. „Sseyareh, du hast schon wieder die Kühlschranktür zu fest zugeschlagen! Sseyareh, das Wasser im Samowar kocht längst!"

Ich stütze den Ellenbogen auf und lege mein Kinn in die Hand. Seine Metallregale mit den Büchern sind wie immer voller Staub. Selbst der Aschenbecher und ein Frauenspiegel sind staubig. Dieser Schuhkarton voller Schrauben, Drähte und Muttern steht wie immer auf dem Stuhl. An der Garderobe hängen die Kleider, die er trug, als Ssafieh noch hier war. Aber nun trägt er seit zwei Jahren dasselbe T-Shirt, dasselbe Sweatshirt und dieselbe graue Jogginghose mit der dunklen Jacke. Und wenn es kalt wird, was dann? Wenn er wieder kommt wie damals, wenn er kommt und sich auf das Bett stützt, sich hinsetzt und mit der anderen Hand dein Haar löst, und du bist wieder von Sinnen, und wenn du mit deinem Finger die Tränen aus dem Gesicht wischst, wenn er dich streichelt und du wirst trunken davon. Und die beißende Kälte der Abenddämmerung glitt auf deine nackten Arme, und er sagte leise: „Geht es dir wieder besser?" Und der Hauch dieses „besser" wird eine Wolke, die sich auf dein Gesicht bettet. Sie streichelt dein Fleisch und deine Wangen und verschwindet wieder. Und du sagst: „Oh!" und senkst den Kopf, bis er seine Hand auf deine Schulter legt und du deinen Kopf reckst und vor ihm die Augen öffnest. Und dann, wenn er will, kann er es wieder tun, wenn die Erinnerung an Ssafieh ihn läßt.

Nur einmal hatte er mich geweckt. Es war Sommer, und er hatte im Hof geschlafen. Er klopfte an meine offene Zimmertür und sagte: „Sseyareh! Auf Wiedersehen!" Und er trat ein. Ich zuckte zusammen und richtete mich halb auf. „Ich komme zum Mittagessen nach Hause. Du sollst jetzt nicht allein die Teppiche waschen. Sag mir Bescheid, und ich schicke dir meinen Gehilfen."

Er ging und kam nicht zum Mittagessen, um mich schlafen zu lassen. Ich schlief nicht wieder ein.

Jetzt ist es an der Zeit, daß er kommt. Ich stehe auf und gehe in den Hof.

Er knipste das Licht im Hof nicht an. Aber es war klar, daß er meine Anwesenheit auf der Treppe spürte. Er erwiderte meinen Gruß nicht. Er ging auf die Toilette. Er kam heraus und wusch sich Hände und Gesicht mit Seife. Er drehte sich nicht um, um mir das Handtuch abzunehmen. Er wischte sich die Hände an den Hosenbeinen trocken, zog seine Jacke aus und stieg die Treppe hinauf. Er warf die Jacke auf das Bett auf dem Balkon und ging in sein Zimmer. Er lehnte sich an die Wand neben der Tür und zog seine Hose aus. Er zog seine Jogginghose über die lange Unterhose.

Er tauchte auf der Türschwelle auf. Er hatte seine Jogginghose nicht über die lange Unterhose gezogen: „Warum stehst du auf der Treppe?"

Er ging in die Küche, nahm fünf Löffel Reis, ein Stückchen Butter, ein Schälchen Joghurt, einen Teller mit Ragout und ein Stück Brot. Mit dem Tablett trat er ein. Er saß im Schneidersitz auf dem Bett mit dem Rücken zu mir, beugte sich über das Tablett und begann zu essen. Ich näherte mich ihm. Ich stellte das Tablett mit dem Tee auf das Bett und setzte mich auf die Bettkante. Er schob den Teller mit dem Reis zur Seite und nahm den Tee. Ohne mich anzuschauen, fragte er: „Warum trägst du deine Haare so?" Das sagt er immer. Und ich trage immer geflochtene Zöpfe. Ich lachte. Ohne mich anzuschauen, fragte er: „Warum lachst du?" Mein Lachen war sinnlos. „Es ist nichts."

„Lacht man etwa ohne Grund?" Ich hatte ohne Grund gelacht. Ich stand auf, um zu gehen. Er sprang auf und baute sich vor mir auf. Er nahm meine Zöpfe in beide Hände und zog mein Gesicht an seines heran.

„Womit bedeckst du dich?" Ich selbst nenne es nicht Bedeckung. „Also was jetzt? Beantworte meine Frage richtig!" Er selbst nimmt nie Rücksicht. Worauf sollte er denn Rücksicht nehmen? Völlig unerwartet kommt er in mein Zimmer. Oder er kommt morgens zu mir und weckt mich. Und wenn ich mich dann bedecke, lacht er. Er umarmt mich und sagt, ich sei wie seine Tochter. „Du bist wie meine Tochter, oder etwa nicht?" Er ließ meine Zöpfe los.

Er ging zum Wandvorsprung und nahm seine Brille. Er untersuchte das Brillengestell und rief mich. Freudig antwortete ich. „Heute morgen, bevor du bei mir angerufen hast, wo warst du da?"

Ich log: „Nirgendwo."

Aus dem Persischen von M.H. Allafi

Nahid Tabatabai

Mina mit dem blauen Kleid

Ich hieß Tahere. Tahere Shohabi, zweiunddreißig Jahre alt, alleinstehend, eine erfahrene Krankenschwester und die beste Oberschwester des Teheraner Krankenhauses.

Jetzt heiße ich immer noch Tahere. Aber ich bin nicht mehr Tahere. Ich habe mich verändert. Ich bin Mina Ssabori geworden, fünfzig Jahre alt, verheiratet, habe zwei Söhne, eine Schwiegertochter und zwei Enkelkinder.

Dies alles geschah kürzlich, das heißt, etwa ein Jahr und neun Monate nach meiner Heirat mit Kamal Ssabori. Und es stört mich kein bißchen.

Als ich in der zehnten Klasse war, versammelten sich, wenn eine Unterrichtsstunde ausfiel, oder wenn wir gerade Sport hatten, alle Schülerinnen, um das Orakel zu befragen. Auf ein Stück Papier zeichneten sie ein Quadrat, schrieben die Namen der Jungen, für die sie schwärmten, an der oberen Kante nebeneinander, unten die Städte, in denen sie gern leben würden, und an die Seiten die Zahl der Kinder, die sie gerne bekommen würden, und ein Heiratsalter. Dann wählten sie eine Zahl, die sie in die Mitte des Quadrats schrieben. In der Ecke oben rechts begannen sie zu zählen. Jedesmal, wenn sie die Zahl, die in der Mitte stand, erreicht hatten, strichen sie den entsprechenden Namen oder die Zahl durch, auf der sie gerade mit dem Stift angekommen waren. Das ging so weiter, bis am Ende nur noch ein Name, ein Alter, eine Stadt und je eine Zahl für die Kinder und das Heiratsalter übrig waren. So war die Zukunft des Mädchens vorhergesagt.

Ich hielt nichts von dieser Wahrsagerei. Ich dachte, man wird das, was man selbst will. Und ich wollte Ärztin werden. Kinderärztin.

Eines Tages ließ eine Freundin nicht locker, sie wollte unbedingt das Orakel für mich befragen. Ich habe die unmöglichsten Ideen, die mir einfielen, aufgezählt. Ich sagte, als Namen solle sie schreiben: Jamal, Kamal, Jallal. Weil mir kein vierter Name einfiel, sagte ich ihr, sie solle einfach Schallal schreiben. Ich wollte mit fünfundvierzig, siebenundvierzig, neunundvierzig oder fünfzig Jahren heiraten. Ich habe gesagt, schreibe doch als Zahl der Kinder: null, eins, zwei, null. Für die Städte sollte sie schreiben: Teheran, Teheran, Teheran, Teheran.

Die Vorhersage jenes Tages ist die einzige unter den Vorhersagen, die eingetreten ist. Mit siebenundvierzig Jahren habe ich Kamal geheiratet. Einerseits könnte man sagen, daß ich zwei Söhne habe. Andererseits habe ich keinen einzigen. Und ich lebe in Tcheran.

Kamal und ich haben uns vor zwei Jahren kennengelernt. Eines Abends, als ich im Krankenhaus nach der Orthopädischen Station schaute, hörte ich Geschrei aus einem Zimmer. Ich öffnete die Zimmertür und sah, daß zwei Kolleginnen dabei waren, die Betten zu machen. Ein Mann mit Gipsarm schrie. Es schien, als hätten sie ihn sehr unsanft angefaßt. Seine stämmige Gestalt und sein ruhiges Gesicht paßten nicht zu dem Geschrei, das er veranstaltete. Das war der einzige Grund, weshalb ich ihn unbewußt anlächelte, als hätte ich ihn mit einem eindeutigen Lächeln bedacht. Ich ging zu ihm hin und brachte seinen Arm in die richtige Stellung. Um nicht wirklich laut auflachen zu müssen, fuhr ich die Mädchen an, sie sollten ein wenig rücksichtsvoller sein. Beim Hinausgehen drehte ich mich noch einmal um und sah den Mann an. Ich wollte wissen, ob er mein Lächeln bemerkt hatte. Anscheinend hatte er das nicht, da er sich herzlich bedankte. Sein Blick war sehr freundlich. Einen Moment lang dachte ich, daß er mich wohl mochte. Da mußte ich wirklich noch einmal lachen. Aber dieses Mal über meine Gedanken.

Zwei Tage später, als ich wieder über die Station lief, teilte mir die Stationsschwester mit, Herr Ssabori wolle mich sprechen. Ich hatte den Gipsarm längst vergessen. Ohne mir etwas dabei zu denken, klopfte ich an die Tür und trat ein. Bei seinem Anblick schrak ich zurück. Offenbar hatte er mich nicht vergessen. Herr Ssabori lachte und lud mich ein, mich zu setzen. Ich hätte mich nicht setzen sollen, aber ich setzte mich hin. Ich nahm auch von den Karamellen, die er mir anbot. Er trug einen hübschen Pyjama und hatte sich rasiert. Er sagte, er habe zwei Tage lang warten müssen, um mich wiederzusehen, damit er sich bei mir bedanken konnte. Ich stand auf und verabschiedete mich. Ich ging direkt in mein Zimmer. Ich zog meinen Taschenspiegel hervor und starrte mich an. Nein, ich war nicht eine Frau, die die Aufmerksamkeit eines Mannes auf sich zog. In Wirklichkeit war es zu spät für mich. Aber mein Herz pochte heftig. Ich ging wieder auf die Station und studierte die Akte von Herrn Ssabori. Kamal Ssabori, fünfundfünfzig Jahre alt, Rechtsanwalt. Gewiß hatte er eine vierzigjährige Frau, die jede Woche zum Frisör ging und täglich eine neue Haarfarbe trug.

Nachdem wir geheiratet hatten, sagte er zu mir, daß ich ihm von der ersten Begegnung an gefallen habe. Als er mich lachen sah, habe er sich geniert. Ich muß immer noch lachen, wenn ich daran denke. Und er lacht auch. Kamal ist ein gutaussehender Mann, der stets versucht, gepflegt und sauber zu sein. Er hält sich aufrecht, trägt das Kinn hoch und hat eine sehr selbstbewußte Art zu sprechen. Besonders, wenn er jemandem zum ersten Mal begegnet, versucht er, selbstbewußt zu wirken. Ich hatte ihn gerade zu einem sehr passenden Zeitpunkt ertappt, als er diese Haltung abgelegt hatte und wie ein Kind schrie. Manchmal denke ich, wenn ihn eine andere Frau in diesem Zustand ertappt hätte, wäre sie jetzt seine Frau. In jedem Fall lag es in dieser Begegnung begründet, daß wir später auch sehr offenherzig miteinander umgingen.

Als ich Kamal begegnete, dachte ich mehr als sonst über mein Leben nach und war sehr stark mit mir selbst beschäftigt. Um ehrlich zu sein, ich hatte die Nase voll von mir. Von meiner ganzen Jugend war nur eine einzige Sache in meinem Kopf geblieben. Und das war eine farblose, blasse Erinnerung, wie ein mottenzerfressener Fetzen. Auf der Fakultät hatte ich einen Jungen kennengelernt, der sehr nett war. Ich liebte ihn. Nach einer Weile, als die Verwandten dafür zu sorgen begannen, daß wir heirateten, verliebte er sich in meine Freundin. Einfach so. Fünfundzwanzig Jahre lang hing ich dieser Erinnerung nach. So lange, bis nichts mehr davon übrig war. Und dann hatte ich Angst. Ich hatte Angst, noch einmal jemanden zu lieben. Aber nun ist alles ganz anders. Ich bin eine ältere Dame und kann mich nicht mehr leiden. Kamal hätte ein guter Freund sein können. Das war alles, was ich von ihm verlangt hatte. Ich wollte irgendeine Veränderung meiner Situation. Und das war die letzte Gelegenheit dazu. Das Krankenhaus bedeutete nichts als Arbeit und noch mal Arbeit. Zu Hause saßen meine Mutter und meine verwitwete Schwester. Im Krankenhaus rannte ich hin und her und machte eine Arbeit, die mir nicht lag. Fünfundzwanzig Jahre lang dieselbe Arbeit. Auch wenn man seine Arbeit liebt, wird sie nach solch einer Zeit langweilig. Selbst diese Arbeit, die eine starke seelische und körperliche Belastung mit sich bringt. Zu Hause Kräuter verlesen, Wäsche waschen und über andere herziehen. Und das Fernsehen mit seinen ständigen Wiederholungen, wieder und wieder. Ich hatte hier nichts verloren. Der Unterschied zwischen mir im Krankenhaus und mir zu Hause war groß. Meine Mutter war Analphabetin. Meine Schwester hatte mit Ach und Krach den Hauptschulabschluß geschafft. Sie verstanden einander mehr oder weniger gut. Aber mir begegneten sie stets mit Respekt und versuchten, mir alles recht zu machen, damit ich es bequem hatte. Im Grunde war ich der Herr des Hauses, und nicht ihre Schwester oder Tochter. Aber ich hatte keine Lust mehr, der Herr des Hauses zu sein. Ich wußte, wenn ich das Haus verließe, wären sie eher froh, vorausgesetzt, ich überließ ihnen einen Teil meines Gehalts.

Es waren noch nicht einmal zwei oder drei Monate meiner Bekanntschaft mit Kamal vergangen, als er mich bat, ihn zu heiraten.

Ich willigte sofort ein. Denn ich wußte, wenn ich lange über sein Angebot nachdenken würde, würde mich bestimmt der Mut verlassen und ich bliebe für immer und ewig in diesem Haus. Von Kindesbeinen an hatte ich mir angewöhnt, mich sofort zu entscheiden, wenn ich ein großes Problem vor mir sah. Ich brach dann sämtliche Brücken hinter mir ab, um mich zum Vorwärtsschreiten zu zwingen. Wohl oder übel, ich wollte immer nach vorn. Stillstand haßte ich. Als wir heirateten, hatten wir vereinbart, daß Kamal, sein achtzehnjähriger Sohn Ssassan und ich zusammenleben würden. Kamal hatte gesagt, wenn ich wollte, würde er die Haushälterin entlassen. Was hatte ich schon gegen die Haushälterin? Wenn sie bliebe, wäre es besser, insbesondere, da sie Ssassan großgezogen hatte und sich in allen Angelegenheiten des Hauses auskannte. Am allerwichtigsten war, daß sie ein freundliches Gesicht hatte, ein sehr, sehr freundliches Gesicht.

Kamals Haus war sehr groß. Es hatte zwei Etagen mit riesigen Zimmern und einer Wendeltreppe, die in einer Ecke des Wohnzimmers nach oben führte. Im Hof blühten Rosen in allen Farben. Auf der Terrasse hing eine alte weiße Schaukel, die zum Sitzen einlud. Die Zimmer waren voll blauem und grünem Kristallgeschirr, rosa Trinkgläsern und Bronzefiguren. Ich lief gern durch das Haus und schaute einfach. Als habe eine Hand alles so plaziert, daß es schöner nicht möglich war. Es dauerte nicht lange, bis ich verstand, welche Hand das war. Es war Minas Hand, Kamals erster Frau. Alle Dinge des Hauses trugen ihre Handschrift, und die Erinnerung an sie war in jedem Kopf gegenwärtig.

Je mehr Zeit verstrich, um so mehr wuchs das Gefühl, daß wir in dem Haus nicht zu viert waren. Wir waren zu fünft. Ich war verzweifelt. Ich wußte nicht, was für ein Gefühl ich gegenüber dieser Frau und der Erinnerung an sie haben sollte. Ich empfand sowohl Angst als auch Respekt vor ihr. Ich hatte das Gefühl, den Platz einer anderen besetzt zu haben, der ich in keiner Weise gewachsen war.

Kamal und ich waren sehr gut zueinander. Abends holte er mich ab, und wir kehrten zusammen nach Hause zurück. An manchen Abenden aßen wir außer Haus. Manchmal rezitierte Kamal Gedichte, und ich hörte ihm zu. Manchmal schüttete ich ihm mein Herz aus. Aber hin und wieder hatte ich das Gefühl, er schaue mich irgendwie merkwürdig an, als vergliche er mich in Gedanken mit einer anderen. Das begann mich zu beunruhigen.

Kamal hatte mir nicht sehr viel von Mina erzählt. Ich erfuhr nur durch die Haushälterin flüchtig etwas über sie. Die Haushälterin hatte die ehemalige Hausherrin geliebt. Sie sprach so mit mir von ihr, als spreche eine Dienerin von der Hausherrin einer anderen Dienerin, voller Respekt und Stolz. Eines Tages erzählte mir die Frau eines Freundes von Kamal, daß Mina vor fünf Jahren an einer schweren Krankheit gestorben war. Sie nannte irgendeine Krebsart. Sie sprach so von ihrer Freundschaft mit Mina, als sei diese Freundschaft eine große Ehre für sie gewesen. Sie sagte: „Kamal und Mina waren Cousin und Kusine. Minas Vater war einer der berühmtesten Ärzte von Teheran. Kamals Vater war ein einfacher Angestellter. Man sagt, die reichsten Männer von Teheran hätten um Minas Hand angehalten. Doch als Kamal sein Studium beendet hatte, hat Minas Mutter sie mit Kamal verheiratet, weil sie ihren Neffen so gern hatte. Aber Mina war in dieser Ehe nie glücklich."

Später hat mir auf einem Fest eine andere Kusine von Kamal in irgendeiner freundschaftlichen Anwandlung erzählt: „Gott sei Dank, daß du Kamal liebst und ihn verstehst. Kamal ist sehr, sehr sensibel." Sie legte ihre Hand auf meine Hand und fuhr vertraulich fort: „Hat er dir schon von seinen eigenen Gedichten vorgelesen?" Und ich, die nicht einmal wußte, daß Kamal dichtete, sagte: „Ja." Sie schüttelte den Kopf und sagte: „Wunderbar. Aber weißt du, wenn Kamal ihr seine Gedichte vorlas, lachte Mina nur und ging weg."

Nach diesem Fest begann ich allmählich, Kamal darauf anzusprechen. Zuerst sagte ich zu ihm: „Du dichtest, und ich habe gar nichts davon gewußt."

Er lachte: „Wer hat dir diesen Unsinn erzählt?"

„Deine Kusine."

Kamal lachte wieder: „Und was hat sie dir noch erzählt?"

So berichtete ich ihm alles, was sie zu mir gesagt hatte.

Kamal hörte schweigend zu und sagte dann: „Weißt du, Mina war eine gute Frau. Aber sie liebte mich nicht. Das ist alles."

Eine gute Frau. Mina war eine gute Frau, aber sie hatte Kamal nicht geliebt. Das war alles.

Allmählich wurde ich neugierig auf Mina. Es war, als zöge mich eine Kraft zu ihr hin. Ich hätte gern ihre Meinung über alles gewußt. Ich mußte herausfinden, wie sie gelebt hatte, warum sie Kamal nicht geliebt hatte. Warum die Haushälterin und Ssassan sich so benahmen, als sei sie noch am Leben und lebte mit uns zusammen. Mina war dabei, eine Legende für mich zu werden. Alle sprachen von ihr, als sei sie die wichtigste Persönlichkeit, der sie je begegnet waren. Alle liebten sie oder waren eifersüchtig auf sie. Niemand war ihr gegenüber gleichgültig. Selbst Kamal sprach so, als fürchte er, sie könne seine Worte immer noch hören. Ich mußte von der Haushälterin alles erfahren. Ich hätte gern gewußt, an wem ich gemessen wurde. Niemand kannte ihr Leben und ihre Geheimnisse so gut wie die Haushälterin. Ich mußte ihr Vertrauen gewinnen. Und, wenn es möglich war, auch Ssassans Vertrauen. Ich wünschte mir, die beiden würden mich mögen.

Ssassan kümmerte sich überhaupt nicht um unsere Angelegenheiten. Es schien ihm völlig gleichgültig zu sein, daß sein Vater wieder geheiratet hatte. Und ich faßte mich in Geduld. In Wirklichkeit wünschte ich mir von unserer ersten Begegnung an, einen Sohn wie ihn zu haben. Er hatte ein liebes Gesicht, eine hohe Stirn, braune Augen und einen schlanken Körper. Er sah aus wie Kamal. Sein Haar und sein Blick kamen nach Mina. Ich hatte

Minas Foto in seinem Bücherregal gesehen. Es war ein Foto, auf dem sie ihn auf dem Arm hielt.

Ssassan speiste mit uns und war mit seiner Schule beschäftigt. Er hörte seine Kassetten und war still. Ganz still. Es war ihm sehr wichtig, daß niemand das Zimmer seiner Mutter betrat. Jeden Abend wischte er in ihrem Zimmer Staub und goß die Blumen. Jeden Freitag saugte er dort Staub. Ssassan liebte seine Mutter. Eine solche Liebe vermißte ich in meinem Leben. Die Haushälterin sagte: „Frau Mina kommt ihren Sohn jeden Tag besuchen."

Kamal hatte zunächst darauf bestanden, alle Möbel und den Hausrat neu anzuschaffen. Er sagte, der Anblick dieses Hauses mit seiner Einrichtung bedrücke ihn. Er sagte, Mina habe alles Stück für Stück angeschafft. Aber ich konnte es nicht übers Herz bringen, es zu tun. So fühlte ich mich stets, als hätte ich hier den Platz einer anderen besetzt. Überdies hatte Kamal es meinetwegen gesagt. Wo hätte man solch hübsche Dinge kaufen und wie sie arrangieren sollen? Ich dachte bei mir, mit welcher Leidenschaft und wie geschmackvoll hatte sie wohl diese Dinge ausgewählt und nach Hause tragen lassen? Wie sie ausgepackt und liebevoll arrangiert? Ich wollte nicht, daß jemand auf den Gedanken käme, ich sei hierher gekommen, um alles zu zerstören. Ich schämte mich vor Ssassan, vor der Haushälterin und vor mir selbst. So widersprach ich Kamal. Ich hatte das Gefühl, daß mein Widerspruch ihm behagte. Er liebte sie noch immer. Um Kamal zu beweisen, wie sehr ich die Dinge liebte, begann ich, alles zu putzen, ohne ein Ding von seinem Platz zu verrücken. Ich machte alles, Stück für Stück, sauber und stellte es wieder an seinen alten Platz zurück.

Eines Tages, als ich das Buffet sauber gemacht hatte, entdeckte ich ein altes Fotoalbum. Ich schlug es auf und sah sie in den schwarzen Seiten sitzen, sie lachte, sie stand da, stützte ihre Hand auf die Hüfte oder schloß ihre kleinen Kinder in die Arme. Ein Foto von ihr war schöner als das andere. Mina ließ Ssassan auf ihrem Schoß stehen, und beide lachten. Unbewußt nahm ich das

Bild aus dem Album und stellte es auf den Fernseher. Als Kamal es bemerkte, sagte er nichts. Aber als Ssassan das Foto sah, nahm er es und brachte es in sein Zimmer.

Als ich tags darauf die Treppe hinaufstieg, um meine Schuhe anzuziehen, sah ich Mina auf den Stufen sitzen, mit dem Rücken an die Wand gelehnt. Ihr Kinn in die Hände gestützt, starrte sie mich an. Sie trug ein blaues Kaschmirkleid, ihr Haar war aus blauer Seide. Ihr Gesicht und ihre Hände schimmerten ebenfalls blau. Ihr Anblick erschreckte mich so sehr, daß ich beinahe die Treppe hinuntergestürzt wäre. Ich schrie auf.

Kamal, der an der Tür auf mich wartete, stürzte bei meinem Schrei ins Zimmer. Ich wandte mich um, wollte sie ihm zeigen, aber sie war schon verschwunden. Ich sah Kamal an. Kamal schaute auf meinen Knöchel, der stark angeschwollen war. Ich hatte mir den Fuß verstaucht. Ich sagte zu Kamal, daß ich mir den Fuß verstaucht habe. Ich konnte ihm nicht sagen, daß sie dort gewesen war. Daß sie dort gesessen und mich angestarrt hatte. Ich wußte, daß er lachen und sagen würde, das ist nur die Einbildung einer Frau, die meint, sie hätte den Platz einer anderen besetzt. Vielleicht hatte er recht.

Fünf oder sechs Monate nach unserer Hochzeit beschloß ich, mich in den vorzeitigen Ruhestand versetzen zu lassen. Ich hatte keine Lust mehr und wollte mich ein wenig ausruhen. Darüber hinaus war das Haus für mich interessanter geworden. Nun sah ich Mina ab und zu in Ssassans Zimmer gehen oder auf der Schaukel sitzen und die Blumen anschauen. Und jedesmal schaute sie mich an wie eine Freundin. Ssassan war auch ein wenig freundlicher zu mir geworden, die Haushälterin ebenfalls. Nun mußte ich zu Hause bleiben. Und wenn ich es mir später anders überlegen würde, konnte ich immer noch zu meiner Arbeit zurückkehren. Ich genoß ein hohes Ansehen bei der Arbeit. Das war mein einziger Erfolg im Leben. Nun wollte ich ein wenig in die Rolle der Hausherrin schlüpfen. Von Kindesbeinen an mochte ich Zuckerbäckerei, Sticken und Stricken. Und Blumen im Garten pflanzen. Ich wollte eine schicke, gepflegte Frau sein. Eine sehr schicke, geschmackvolle Frau, der es gelang, aus nichts alles zu zaubern, obwohl ich alles zur Verfügung hatte. Ich fing mit dem Backen an. In der Küche gab es allerlei Kuchenformen und was man noch zum Backen braucht. Als ich die Formen hervorholte, brach die Haushälterin in Tränen aus. Die Ärmste erinnerte sich an die Herrin des Hauses. Aber sie versuchte, es zu überspielen. Ich suchte mir die Formen aus, die ich benutzen wollte, und stellte die anderen wieder an ihren Platz. Die Haushälterin war unruhig. Sie lief auf und ab und beobachtete mich dabei verstohlen. Nach einer Weile hielt sie es nicht mehr aus, sie kam und stellte sich neben mich. Ich stellte eine Schüssel Mehl vor sie hin und sagte: „Sieb es durch." Ich verstand nicht, was sie vor sich hin flüsterte. Sie fing mit der Arbeit an. Wie sie sich anstellte, zeigte, daß sie Übung darin hatte, auf jeden Fall mehr als ich. Dann begann sie allmählich, mir Ratschläge zu erteilen. Ich tat genau, was sie mir sagte. Als ich die Form in den Backofen stellte, trocknete sie mit dem Kopftuchzipfel ihre Tränen und sagte: „Als Khossrow Khan nach Europa gehen wollte, backte die Herrin dieses Gebäck. Sie buk diesen Kuchen und verzierte ihn mit Konfitüre und Sahne. So versetzte sie alle in Erstaunen, denn damals gab es noch keine Backofen." Ich lachte und sagte, daß ihre Herrin sehr gut Kuchen backen konnte. Es war das erste Mal, daß sie mit mir über ihre Herrin sprach. Ich fragte: „Wer war Khossrow Khan?"

Die Haushälterin seufzte und antwortete: „Khossrow Khan war der Cousin des Doktors. Welch ein Junge!" Ich sagte: „Was ist denn mit ihm passiert?" Die Haushälterin wischte sich wieder die Tränen von den Augen und sagte: „Er ist jung verunglückt." Plötzlich rutschte mir das Herz in die Hose. Ich weiß nicht, warum mir wie der Haushälterin Tränen in den Augen standen.

Das Ergebnis meiner Bäckerei dieses Tages war nicht schlecht. Kamal aß den halben Kuchen auf und lobte mich überschwenglich. Ssassan nahm sich ein Stück und bedankte sich einmal.

Ein paar Tage später hatten wir Besuch. Ich hatte selbst gekocht und Kuchen gebacken. Allmählich fand ich Gefallen an der Hausarbeit. Ich suchte aus dem Schrank mit den Tischdecken eine weiße Decke aus. Als ich sie auf dem Tisch ausbreitete, wurde es plötzlich Frühling. Rund um die Mitte des Tuches war der Jasmin erblüht. Ich rief die Haushälterin herbei und fragte sie, wo sie diese Tischdecke gekauft hatten. Sie rieb sich die Hände und sagte, diese Decke sei ein Teil der Aussteuer von Frau Mina gewesen. Sie habe sie selbst bestickt. Sie habe es zu jener Zeit getan, als sie vorhatte, Khossrow zu heiraten. Ich faltete die Tischdecke wieder zusammen. Ich brachte es nicht übers Herz. So legte ich eine andere Tischdecke auf. Als ich in die Küche trat, sah ich die Haushälterin, die beim Kräuterverlesen ein Lied vor sich hin summte. Ein trauriges Lied. Ich sagte: „Naneh, wollten Khossrow Khan und Mina heiraten?" Sie antwortete: „Ja, sie hatten es vor. Aber die Großmutter war dagegen. Sie meinte, Khossrow Khan sei wie sein Vater kein Mann fürs Leben, er würde alles vertrinken und verspielen. Ihre Einwände führten dazu, daß Khossrow Khan nach Europa geschickt wurde. Dann verheiratete sie Frau Mina mit Herrn Kamal. Der arme Khossrow ist drei Monate nach ihrer Hochzeit tödlich verunglückt. Herr Kamal weiß nichts davon. Nicht, daß Sie ihm etwas davon erzählen!"

Die arme Mina! Es war so, daß Mina Kamal von Anfang an nicht geliebt hatte. Als könne die Haushälterin meine Gedanken lesen, sagte sie: „Der Herr und die Herrin haben von Anfang an nicht zueinander gepaßt. Frau Mina hatte ein ganz anderes Naturell. Der Herr war ständig unterwegs, von dieser Stadt zu jener, und er lud viele Leute ein. Er hatte mit allerlei Menschen zu tun. Aber die Herrin gehörte nicht zu jenen Frauen, denen es liegt, mit jedem zu verkehren. So kam es, daß sie sich allmählich auseinanderlebten. Meinen Sie um Gottes willen nicht, der Herr sei ein schlechter Mensch! Aber die Herrin war ein Prachtstück von unermeßlichem Wert."

Ich hätte Mina gern öfter gesehen. Sie war wie ich. Sie hatte auch an einer Erinnerung gehangen, mit der sie lebte. Sie war mir ähnlicher geworden. Sie litt unter den gleichen Schmerzen. Allmählich interessierte mich alles, was sie betraf. Vor allem Ssassan. Die Liebe und Zuneigung, die er seiner Mutter entgegenbrachte, weckten in mir den Wunsch, seine Mutter zu sein. Wie gerne hätte ich Minas Zimmer gesehen! Aber ich hatte Angst, ihren Bereich zu betreten. Ich hatte kein schlechtes Verhältnis zu Ssassan, er akzeptierte mich als Frau des Hauses, aber nicht als Stiefmutter oder jemanden, zu dem er irgendwann „Mutter" sagen würde. Mit der Zeit konzentrierte ich mich mit aller Kraft auf ihn. Ich grübelte ständig darüber nach, wie ich sein Herz gewinnen konnte. Ich wünschte mir, er wüßte, daß ich seine Mutter gesehen hatte. Und ich hätte ihm gern gesagt, daß seine Mutter, wenn sie mich nicht mögen würde, sich mir nicht gezeigt hätte. Ich mußte irgend etwas über ihn von der Haushälterin erfahren, um ihm näherzukommen.

Als es Freitag war, sagte ich zu der Haushälterin, sie solle ihren Schleier nehmen, wir wollten zum Imamzadeh gehen. Ich war so bedrückt, ich wollte gern über den Basar von Tajrish bummeln und mir die bunten Stoffe anschauen.

Früher hatte ich immer ein Pfund Weizen gekauft und die Tauben des Imamzadeh gefüttert. Seit er mich verlassen hatte, das heißt, seit fünfundzwanzig Jahren, ging ich, wenn ich traurig war, auf den Basar, um die Tauben des Imamzadeh zu füttern.

Ich war dabei, die Tauben zu füttern, als die Haushälterin mit verweinten Augen vom Grabmal zurückkam. Sie setzte sich neben mich und starrte auf die Weizenkörner in meinen Händen. Ich wandte mich um und schaute sie an. Ihre Blicke waren freundlicher geworden. Unwillkürlich umarmte ich sie und begann zu weinen.

Als wir beide uns beruhigt hatten, wollte ich ihr gern alles erzählen. Zuerst berichtete ich ganz ruhig. Dann aber war es, als jagte ein Satz den anderen, sie schubsten sich zur Seite und gerieten durcheinander. Ich erzählte ihr alles und sagte ihr, daß ich nicht gekommen sei, um den Platz einer anderen zu besetzen. Mein Wunsch war es, Ssassan eine gute Freundin zu sein.

Die Beziehung der Haushälterin zu mir wurde warmherzig. Sie glaubte mir und liebte mich wie eine große Schwester, nicht wie eine Herrin. Mit der Zeit erzählte sie mir, welches Gebäck und welche Früchte Ssassan mochte, welche Farbe er gern hatte, wen von der Familie er liebte und wie sich Frau Mina verhalten hatte, um ihn zu erfreuen. Ich begann, dasselbe zu tun. Allmählich begriff ich, daß auch Kamal meine Worte ernster nahm als früher und mich irgendwie auf eine andere Art respektierte.

Nun kam Ssassan hin und wieder in die Küche, wo er stehenblieb und mir ein wenig zur Hand ging. Er erzählte mir sogar einmal einen Witz, worüber ich vor Freude so sehr lachen mußte, daß er mich überrascht anschaute. Der Arme konnte nicht glauben, daß der Witz so komisch gewesen war.

Eine Weile später, als ich das Gefühl hatte, die Zeit sei reif, bat ich Kamal, mit Ssassan und mir ins Kino zu gehen. Es war ein Film mit vielen Schlägerei-Szenen. Ich wußte, daß Ssassan diese Filme mochte. Nach dem Kino lud ich die beiden in eine Pizzeria ein. Ssassan und Kamal veranstalteten ein Wettessen. Ssassan aß zwei Pizzen, Kamal anderthalb. Wir waren nun fast Freunde geworden. Ich hatte das Gefühl, Kamal und die Haushälterin betrachteten mich wie die Eltern eines Kindes, die stolz darauf sind, daß ihr Kind seine ersten Schritte macht. Und wie die Eltern beglückte sie jeder Schritt ihres Kindes. Ich verbrachte eine gute Zeit und wartete darauf, Mina wieder zu sehen. Aber wie lange ich auch wartete, ich sah keine Spur von ihr. Ich wollte aus ihrem Blick erkennen, ob das, was ich tat, ihr gefiel. Ich hatte immer noch Angst, in ihren Bereich einzudringen.

Es war einige Zeit später, kurz vor Ssassans Abschlußprüfung, als er krank wurde. Es begann mit einer einfachen Erkältung. Dann bekam er eine Lungenentzündung, und es ging ihm sehr, sehr schlecht. Sieben Tage lang hatte er ständig vierzig Grad Fieber, er phantasierte und rief nach seiner Mutter. Eine Woche lang saß ich Tag und Nacht an seinem Bett. Ich pflegte ihn, gab ihm die Medikamente, verabreichte ihm Spritzen und machte ihm kalte Kompressen. Ich schlief kaum.

Eine Woche lang saßen Mina und ich uns gegenüber. Sie war gekommen und saß in ihrem blauen Kleid auf der Fensterbank, wo sie uns auf die Ellenbogen gestützt anstarrte. Ihre Augen waren die lebendigsten Augen, die ich je gesehen hatte. Es war Freitagabend, als Ssassans Fieber sank. Er schlug die Augen auf und sagte zu mir: „Wie ähnlich du meiner Mutter geworden bist!"

Ich deutete mit der Hand zum Fenster und sagte ihm, daß sie dort gesessen habe. Ssassan schaute zum Fenster. Er lächelte und schlief wieder ein. Mina sah mich an und lachte. Sie war zufrieden. Sie war zufrieden mit mir. Ich holte ihre Bilder und stellte sie auf das Buffet.

Es dauerte noch zwei, drei Wochen, bis Ssassan genas. Er war bestens auf die Prüfung vorbereitet. Er hatte seiner Mutter versprochen, Arzt zu werden. Wie sein älterer Bruder, der in Europa eine Facharztausbildung absolvierte. Als er zu den ersten Prüfungen in die Schule ging, ließ ich ihn unter dem Koran hindurchlaufen. Ich machte mir solche Sorgen um ihn. Ich wünschte so sehr, daß sein Wunsch in Erfüllung ginge. Wir alle wären so glücklich darüber gewesen.

Ssassan hatte alle Prüfungen erfolgreich bestanden. Nun mußte er zu Hause sitzen und sich auf die Aufnahmeprüfung der Universität vorbereiten. Es war, als müßte ich selbst an dieser Aufnahmeprüfung teilnehmen. Ich erinnerte mich an die Tage, in denen ich voller Angst und Sorge zu der Prüfung gegangen war. Ich war so aufgeregt, daß ich irgend etwas tun mußte, um mich zu beruhigen. In meinem Koffer entdeckte ich ein Stück weißen Baumwollstoff und beschloß, einen Kopfkissenbezug für Ssassan zu nähen und ihn mit violetten Jasminblüten zu besticken. Morgens saß ich auf der Schaukel im Hof und stickte. Ich lauschte auf Ssassans Stimme, der oben auf dem Balkon auf und ab lief und mit lauter Stimme auswendig lernte. Ich ordnete an, daß die Haushälterin ihm jeden Tag um zehn Uhr Obst brachte.

Eines Tages, als ich mit meiner Stickerei beschäftigt war, sah ich Ssassan neben mir stehen. Er sagte sanft: „Du bist meiner Mutter ähnlich geworden."

Ich sagte: „Ich? Es gibt einen Himmelunterschied zwischen ihr und mir."

Er sagte: „Sie trug auch eine Brille und hatte die Haare zusammengebunden, wenn sie nähte."

Ich ging in das Zimmer und betrachtete Minas Bild. Sie war sehr hübsch. Dort, auf dem Foto, war sie genauso alt wie ich, mit ihren gezupften Augenbrauen, ihrem graumelierten kurzen Haar und ihrer zarten Haut. Ich wollte gern gehen, meine Haare kurz schneiden und mit weißem Spray Strähnchen hineinfärben, meine Augenbrauen tönen lassen. Als ich vom Frisör kam, waren alle überrascht. Außer der Überraschung lag auch eine große Freude in Ssassans Blick.

Es waren noch einige Blüten zu sticken, als mir der violette Faden ausging. So klapperte ich alle Kurzwarenläden und den ganzen Basar von Tajrish ab, aber ich konnte kein passendes Garn finden. Ich ging sogar auf den großen Basar, dort gab es alle Töne Violett bis auf den einen, den ich benötigte. Ich sagte zu Ssassan, er solle mir Bescheid sagen, wenn er aus dem Haus ginge, damit ich ihm ein Stück von dem Garn mitgeben konnte. Falls er unterwegs an einem Kurzwarenladen vorbeikäme, solle er danach fragen. Zwei, drei Tage später sah ich Ssassan mit zwei Rollen violettem Garn in der Hand fröhlich auf mich zukommen. Vor Freude hätte ich einen Luftsprung machen können. Aber er hatte doch das Haus überhaupt nicht verlassen! Ich fragte ihn, woher er das Garn habe. Er antwortete mir nicht. Er nahm nur meine Hand und zog mich hinter sich her. Als wir die Treppe hinaufgestiegen waren, öffnete er die Tür zum Zimmer seiner Mutter und führte mich hinein. Er hieß mich auf einem Stuhl sitzen, dann ging er zu einem der Schränke, zog eine Schublade ganz heraus und stellte sie vor mich hin. Mein Gott, die Schublade war voller Stickgarn, Tausende Farben, alle ordentlich sortiert! Unwillkürlich näherte ich mich dem Wandschrank und öffnete eine Tür nach der anderen. Der Schrank war voller Frauenkleider, sauber, gepflegt, gebügelt. Schuhe, Strümpfe, Taschen. Als habe man alles erst gestern dort hineingeräumt. Ich streckte meine Hand aus und nahm das blaue Kleid. Wie schön und weich es war! Ich hielt es mir an und betrachtete mich im Spiegel.

Ssassan sagte: „Bitte, zieh es an!"

Ich ging aus dem Zimmer und schlüpfte in das Kleid. Ich kämmte mein Haar, nahm eine Perlenkette aus der Schatulle auf dem Frisiertisch und legte sie an. Als ich aus dem Zimmer trat, standen die Haushälterin, Ssassan und Kamal vor mir. Ssassan lachte. Die Haushälterin weinte. Und Kamal starrte mich verwundert an. Hinter den dreien sah ich Mina, die mich mit einem fremden Lächeln anschaute. Dann drehte sie sich zur Treppe um.

Seither habe ich Tahere nie mehr wiedergesehen. Tahere ist fortgegangen. Und Mina lebt in diesem Haus in mir.

Aus dem Persischen von M.H. Allafi

Manssureh Sharifzadeh

Ein Foto von uns beiden

„Warum kommt er so spät ...?"

Man hörte das Rascheln des Herbstlaubes. Sie schaute sich in der Umgebung um. Ein Arbeiter fegte die Blätter zusammen. Sie kramte in ihrer Handtasche und holte das gelbe Strickzeug heraus. Bevor es richtig kalt wurde, wollte sie es noch ihrer Tochter Mojgan schicken.

Man hörte eine Krankenwagensirene. Sie richtete sich gerade auf und schaute auf ihre Uhr. Es war eine halbe Stunde über die vereinbarte Zeit. Ihre Finger schmerzten. Sie rieb sie, sie waren geschwollen. Wozu strickte sie so viel? Sie kam sich vor wie eine Spinne, die in einer Zimmerecke saß und hastig spann. Sie verstaute das Strickzeug wieder in ihrer Tasche und sagte zu sich: „Es wäre alles halb so schlimm, wenn Mojgan sich nicht ein Foto von uns beiden gewünscht hätte." Sie seufzte tief: „Gebe Gott, daß sie glücklich wird!"

Sie hörte ein Husten und drehte sich danach um. Sie sah einen alten Mann mit einem Spazierstock, der gerade auf sie zukam. Er blieb stehen und starrte sie an. Sein graues Haar glänzte in der Sonne. Er reckte den Kopf zu ihr. Farangis zuckte zusammen. Der alte Mann fragte: „Haben Sie eine Uhr an?"

Farangis schaute auf ihre Uhr. „Es ist halb fünf."

Der alte Mann brachte etwas aus seiner Tasche hervor. Es war eine runde, goldene Taschenuhr, die mit einer Kette an seiner Weste befestigt war. Er sagte: „Meine Uhr ist stehengeblieben, Khanom."

Farangis zupfte ihr Kopftuch zurecht und zog ihre Tasche näher an sich heran. Der alte Mann stellte seine Uhr wieder ein, steckte sie in die Tasche und setzte sich an das andere Ende der

Bank. Er hustete ein paarmal und sagte dann: „Wissen Sie, Khanom, dieser Platz ist schon immer für uns reserviert."

„Für Sie reserviert?"

„Ja, Khanom ... für meinen Freund und mich ... es ist aber keiner meiner alten Freunde, die nicht mehr da sind. Ich meine ... ich höre nichts mehr von ihnen ... Wir haben uns in diesem Park, hier auf dieser Bank, kennengelernt!"

Farangis nahm ihre Tasche und stand auf: „Oh, dann verzeihen Sie bitte!"

Während der alte Mann sich auf seinen Stock stützte, um aufzustehen, sagte er: „Nein, nein ... Bleiben Sie doch!"

Farangis blieb ein paar Schritte von der Bank entfernt stehen. Der alte Mann lächelte, und die Falten zeichneten sein Gesicht deutlicher: „Machen Sie sich nichts daraus ... Bitte setzen Sie sich doch."

Farangis betrachtete den alten Mann, der immer noch lächelnd da stand, eine Weile. Er kam ihr bekannt vor. Es war eines dieser Gesichter, die sie immer wieder zu sehen glaubte. Sie kehrte um und setzte sich wieder hin. Der alte Mann sagte: „Wenn diese Bank eines Tages nicht mehr da ist, weiß ich nicht, wo ich sonst hingehen soll."

Die Spitze des Spazierstockes betrachtend, mit dem er ein paar vertrocknete Blätter hin und her schob, sagte Farangis: „Ja, auf dieser Welt hat jeder etwas, woran er sehr hängt."

Der alte Mann sagte: „Das ist wahr. Es ist wahr ... Besser gesagt, man macht sich Umstände."

Er lachte laut. Farangis seufzte. Der alte Mann sagte: „Also, ich hänge jetzt sehr an dieser Bank. Und Sie?"

„An Mojgan."

Noch im selben Moment bereute sie es. Der alte Mann wiederholte: „Mojgan ..."

„Ja, meine Tochter ..."

„Ist ihr etwas zugestoßen?"

Ihren Blick auf die halbnackte Platane gerichtet, sagte Farangis: „Wem?"

„Ihrer Tochter."

„Nein, nein ... Es geht ihr gut."

„Ah, ich verstehe ... seien Sie unbesorgt, sie wird schon wieder auftauchen."

Er hustete ein paarmal und fuhr fort: „Ich warte auf Mustafa Khan ... Er ist pensionierter Oberst. Aber ich wollte nie zum Militär gehören. Ich glaube, wenn die Kultur und das Wissen der Menschen sich einmal genügend entwickelt haben, dann wird kein Militär mehr nötig sein. Deshalb bin ich Lehrer geworden."

„Lehrer? Wie ich."

„Ja, achtunddreißig Jahre."

„Welches Fach?"

„Philosophie. Und Sie?"

„Geschichte ... Aber jetzt bin ich pensioniert."

Der alte Mann murmelte ein paarmal das Wort Geschichte vor sich hin und sagte dann: „Es ist sehr gut, aber nicht die Geschichte ... Sie haben gute Arbeit geleistet, aber die Geschichte ..."

Er schwieg. Er zog eine weiße Zigarettendose aus seiner Manteltasche, nahm sich eine Zigarette und steckte die Dose wieder ein. Dann holte er seine Zigarettenspitze, die an einem Ende schwarz verkohlt war, aus der Brusttasche seines Mantels, schob die Zigarette hinein und steckte die Zigarettenspitze in den Mund. Er tastete beide Manteltaschen ab, zog aus der rechten Tasche ein silbernes Feuerzeug und zündete die Zigarette an.

Er zog ein paarmal daran und sagte: „Die Geschichte hat dafür gesorgt, daß mein Freund jetzt Armeeangehöriger ist."

Er hustete ein paarmal hintereinander und fuhr dann fort: „Aber Mustafa Khan ist ein anständiger Mann und mir auch ein guter Freund."

Farangis flüsterte: „Aber ich erwarte keinen Freund ... und er wollte niemals anständig sein."

Der alte Mann fragte: „Warum sind Sie so still, langweile ich Sie etwa?"

„Nein ... ich habe gerade an die Vergangenheit gedacht."

Während der alte Mann die Rauchwolke in die Luft blies, sagte er: „Vergangenheit ... Das heißt Geschichte."

Farangis blickte sich um. Es war niemand im Park.

Der alte Mann sagte: „Um diese Jahreszeit geht keiner in den Park, es sei denn, er will einen Freund treffen."

„Aber ich erwarte überhaupt keinen Freund ..."

Nachdem er die Zigarettenkippe auf den Boden geworfen und sie ausgetreten hatte, blies er den restlichen Rauch aus der Zigarettenspitze. Dann fragte er: „Warum wollen Sie ihn dann hier treffen?"

„Ich bin gezwungen ... wegen meiner Tochter."

„Das heißt wegen einer Freundin."

Farangis murmelte: „Wegen einer Freundin ... wegen meiner Tochter." Und sie lächelte: „Gott gebe, daß sie glücklich wird."

Während er die Zigarettenspitze zwischen seinen langen dünnen Fingern bewegte, sagte er: „Ich glaube, Sie lieben Ihre Tochter sehr." Er wandte sich zu Farangis: „Wie hieß sie noch mal?"

„Mojgan."

„Ja, stimmt, Mojgan."

Der Mann steckte die Zigarettenspitze in seine Tasche und schwieg. Farangis wollte gern weiter mit ihm plaudern, aber der Mann verharrte schweigend. Farangis sagte: „Ist es notwendig, daß man manchmal lügt?"

Der alte Mann lächelte nur und ließ den Kopf sinken. Man hörte leise Schritte auf dem trockenen Laub. Farangis reckte den Kopf. Ein zehn- oder elfjähriger Junge und ein Mädchen von fünf oder sechs Jahren kamen näher. Das Mädchen weinte und rannte. Als sie bei ihnen ankamen, blieb das Mädchen stehen und stampfte mit den Füßen auf: „Ich will ein Eis!"

Der Junge schrie: „Kommst du jetzt, oder muß ich dich nach Hause prügeln?!"

Farangis winkte dem Mädchen zu: „Komm einmal her, kleines Fräulein!"

Sie stand auf und hob das Mädchen hoch. Mit einem Taschentuch wischte sie ihr über das Gesicht. Der alte Mann brachte aus seiner Tasche Bonbons zum Vorschein und hielt sie dem Mädchen hin. Das Mädchen quengelte: „Ich will nicht ... Ich will nur Eis!"

Farangis strich ihr mit der Hand das Pony aus dem Gesicht: „Wie heißt du, kleines Fräulein?"

Das Mädchen brachte leise hervor: „Parastu ..."

Der alte Mann streckte nun seine Hand dem Jungen entgegen: „Nimm du, mein Junge ..."

Der Junge nahm ein Bonbon und bedankte sich. Der alte Mann sagte: „Sei sanfter zu deiner Schwester, Junge."

Der Junge sagte: „Sagen Sie ihr bitte, daß es jetzt nicht die Zeit ist, um Eis zu essen ist."

Farangis nahm ein paar Bonbons, drückte sie dem Mädchen in die Hand und sagte: „Schau mal, deine Hände sind so kalt." Sie gab ihr einen Kuß auf die Wange. Der Junge glotzte sie mit seinen großen blauen Augen an. Farangis stellte das Mädchen wieder auf den Boden: „Geh, meine Liebe!"

Als das Mädchen sich entfernte, flüsterte Farangis vor sich hin: „Gott gebe, daß du glücklich wirst."

Der alte Mann schüttelte den Kopf: „Im Handumdrehen sind sie erwachsen."

Als sie das Laub rascheln hörte, reckte sie den Kopf. Es war Hormoz, der auf sie zukam. Als er fast bei ihr war, begrüßte er sie hektisch. Er war außer Atem, und seine Stirn war schweißnaß. Sein Gesicht war rot angelaufen. Die Tränensäcke traten deutlich hervor. Er fragte: „Wartest du schon lange?"

„Ist nicht wichtig."

Als Hormoz sein Taschentuch aus der Tasche ziehen wollte, fielen ein paar Fahrkarten auf den Boden. Er hob sie auf und steckte sie wieder in die Tasche. Dann wischte er sich die Schweißtropfen von der Stirn.

Farangis deutete mit der Hand auf die Bank: „Warum setzt du dich nicht?"

Der alte Mann stand auf, aber Farangis sagte: „Bleiben Sie doch hier sitzen." Sie nahm ihre Tasche: „Es macht uns nichts aus." Sie deutete auf eine andere Bank in der Nähe: „Wir setzen uns dort hin."

Farangis setzte sich auf die äußerste Ecke der Bank und legte ihre Tasche neben sich. Hormoz setzte sich neben die Tasche. Farangis hob ihren Blick vom Strickzeug in ihrer Tasche und schaute Hormoz von der Seite an.

Er sagte: „Es war so viel Verkehr."

„Bist du über den Autobahnring gefahren?"

„Nein, normalerweise haben sie das Auto."

Seine Stimme war ein bißchen verändert. Farangis wollte fragen: „Ist dir nicht gut?", aber sie sagte nichts. Hormoz lächelte. Aber er war ein wenig zurückhaltend und sagte: „Verzeih mir, daß ich zu spät gekommen bin." Er faßte an seine Innentasche. Farangis ging durch den Kopf, er habe vielleicht etwas für sie mitgebracht. Hormoz reichte ihr einen Briefumschlag: „Sie hat geschrieben, er ist Elektroingenieur."

Farangis nahm den Umschlag, holte ihr Brillenetui aus der Tasche und setzte die Brille mit dem Horngestell auf. Dann zog sie den Brief und das Foto aus dem Umschlag und sah sich das Bild genau an. Mojgan stand neben einem jungen Mann. Es war, als würden ihre honigfarbenen Augen sie anlachen. Es erinnerte sie an ihre eigene Jugend. Sie selbst besaß ein Bild von sich und Hormoz vor einem Blumenbeet, neben weißen Lilien. Der Duft der Blumen füllte alles aus.

Sie hatte selbst ein rosa Kleid an. Ihre Tochter trug Jeans. Ihr Verlobter trug ein blaues Hemd mit Streifen.

Hormoz sagte: „Wenigstens ist er kein Europäer."

„Was macht das für einen Unterschied? Hauptsache, sie verstehen sich."

Hormoz verzog das Gesicht. Farangis steckte den Brief und das Foto wieder zurück in den Umschlag und verstaute sie zusammen mit der Brille in ihrer Tasche: „Warum hast du ausgerechnet diesen Ort ausgewählt?"

„Ich kenne hier einen guten Fotografen ..."

„Wir hätten auch in ein Fotostudio gehen können." Dann wandte sie sich zu Hormoz: „Wäre das nicht besser?"

„Er macht sehr gute Bilder ... im übrigen geht das Entwickeln sehr schnell."

Er griff wieder nach seiner Innentasche: „Vor einiger Zeit habe ich ..."

Er zog seine Hand zurück und schwieg.

Farangis sagte: „Mir wäre eine Aufnahme im Fotostudio lieber gewesen."

„Hier ist es natürlicher. Als wären wir vor unserem Blumenbeet zu Hause."

Wie sehr sie den Garten ihres Hauses liebte! Sie konnte sich einfach nicht an das Leben in einer Wohnung gewöhnen. Anfangs hatte sie oft das Gefühl gehabt, hinuntergehen zu müssen, um im Garten zwischen den Blumen zu sitzen und mit ihrer ganzen Seele den Duft der Blumen aufzunehmen.

Ein Blatt vom Baum fiel ihr in den Schoß. Sie hob es auf. Es hatte eine orange Farbe und war etwas schrumpelig. Farangis fuhr mit den Fingern über die Blattrippen. Hormoz sagte: „Wir sollten lieber einen Tee trinken gehen."

Farangis legte das Blatt neben ihre Tasche: „Nein, ich habe überhaupt keine Lust auf Menschen."

„Dann gehe ich und hole zwei Becher Tee."

„Hol drei." Sie deutete auf den alten Mann.

Hormoz ging zum Teehaus. Farangis hörte das Knistern des Herbstlaubes unter seinen sich entfernenden Schritten. Sie schloß die Augen und sah für einen Moment Hormoz vor sich, groß und stämmig, wie er eine junge Frau unterhakte und zusammen mit ihr die Treppe eines Kaufhauses herunterstieg. Der Frau stand der

Mund offen, und ihre Augen waren geschlossen vor lauter Lachen. Sie murmelte: „Wie wenig ist nötig zum Glücklichsein."

Hormoz kam mit einem kleinen Pappkarton, in dem drei Plastikbecher standen, zurück. Obwohl sie den Tee aus einem feinen Kristallglas lieber trank, lächelte sie Hormoz an: „Vielen Dank."

Hormoz stellte einen Becher vor den alten Mann, und der bedankte sich dafür. Mit den beiden anderen Bechern kam er zu Farangis. Er stellte sie zwischen sich und Farangis. Sie waren mit heißem Wasser gefüllt, und in jedem schwamm ein Teebeutel. Daneben lagen ein paar Stücke Würfelzucker. Hormoz zog eine Dose aus der Tasche, öffnete sie und nahm eine dreieckige Süßstofftablette heraus: „Meine Blutzuckerwerte sind hoch." Er schüttelte den Kopf und fuhr dann fort: „Der Arzt hat gesagt, ich soll mich nicht aufregen, das geht aber nicht."

Er legte sich den Süßstoff auf die Zunge und nahm einen Schluck Tee. Farangis sagte: „War das etwa ein Leben, was du dir geschaffen hast?"

Hormoz trank noch einen Schluck Tee: „Mir steht das Wasser bis zum Hals."

Seine Hände zitterten. Farangis senkte den Kopf. Obwohl sie sich die ganze Zeit eingeredet hatte, wenn sie Hormoz sähe, würde sie ihn anschreien, saß sie nun ruhig da und empfand nicht den geringsten Haß auf ihn. Als sei dieser Mann, der sie verlassen hatte, nur ein gerahmtes Foto gewesen. Ein gerahmtes Foto, das sich ständig verkleinerte und weiter verkleinerte.

„Dein Tee ist kalt geworden."

Sie warf den Teebeutel in den leeren Becher von Hormoz, steckte ein Stück Würfelzucker in den Mund und nippte an ihrem Becher.

Hormoz sagte: „Ich weiß, daß du mir ständig Vorwürfe machst, aber du warst auch nicht ganz unschuldig ..."

Er zog mit den Händen einen Kreis in der Luft: „Ich bin wie ein Skorpion, der von Feuer umzingelt ist."

Farangis betrachtete ihn genau. Seine schwarzen Augen glänzten nicht wie früher. Sie hätte gern gesagt: „Damals hatten wir vereinbart, daß wir zusammen zu Mojgan gehen. Aber du hast alles kaputt gemacht", aber sie schwieg.

Hormoz sagte: „Wenn du nicht so schnell die Fassung verloren hättest, hätte man doch eine bessere Lösung finden können."

Farangis knallte den Becher auf die Bank, daß ein paar Tropfen des restlichen Tees herumspritzten. „Wie aber, wie?"

Hormoz rückte ein wenig von ihr ab: „Ich wollte nicht dich ärgern ... Vielleicht hast du mich mißverstanden."

Farangis schrie innerlich: „Du hattest es darauf angelegt, dich und mich unglücklich zu machen!"

Plötzlich fühlte sie sich erschöpft, als sei ihr ganzer Körper belastet. Ihr ganzer Zorn entwich. Hormoz hielt seinen zurück und saß reglos da. Sein Gesicht war kreidebleich. Sie sagte sich: „Wie sehr habe ich diesen Kopf irgendwann einmal geliebt!" Nun sah sie den Schatten eines Mannes, der vor sich geradeaus hin starrte. Farangis fühlte, wie eine Welle von Kälte ihren Körper durchzog.

Ein junges Paar schlenderte an ihnen vorbei. Die Frau klammerte sich an den Arm des Mannes und warf einen Zipfel ihres Kopftuches über die Schulter.

Hormoz stellte die Becher zusammen und fragte: „Gut, was treibst du nun?"

„Ich?"

„Du hast gesagt, du bist jetzt in Rente."

„Ja ... Ja ..."

„Und wie sehen deine Pläne aus?"

„Ich habe vor, Mojgan zu besuchen."

„Ich sehne mich auch sehr nach ihr."

„Wie? Mit einer Frau und zwei Kindern?"

Hormoz unterbrach sie: „Diese schamlosen Nichtsnutze sind doch nicht meine Kinder!"

„Aber ihre Mutter ist deine Frau."

Hormoz schüttelte den Kopf und krallte seine Hände in sein graumeliertes Haar.

Beide schwiegen eine Weile ...

Ein kalter Windhauch strich über ihre Gesichter. Hormoz sagte: „Der Winter kommt bald." Dann fuhr er fort wie jemand, der mit sich selbst spricht: „Ich weiß noch, wie ich zur Schule ging. Der Winter ... Wenn es schneite, zog ich zwei Plastiktüten über meine Strümpfe, damit meine Füße nicht naß wurden, denn ich trug Stoffschuhe." Er lachte kurz: „Damals dachte ich, wenn ich irgendwann zu Geld komme, werde ich für alle Schulkinder Stiefel kaufen." Er richtete sich auf: „Es ist besser, wir gehen und lassen uns fotografieren, bevor es dunkel wird."

Farangis nahm ihre Tasche und hängte sie über die Schulter. Sie ging mit Hormoz zum Bassin. Zwei Soldaten hatten sich vor dem Springbrunnen für den Fotografen in Positur gestellt. Einer von ihnen war schlank und lächelte. Der andere stand ernst und steif da.

Hormoz winkte dem Fotografen zu. Er sagte irgend etwas zu den Soldaten und kam zu ihnen.

Sie stellten sich beide neben die Fontäne. Der Fotograf winkte ihnen zu, sie sollten etwas enger zusammenrücken. Farangis rührte sich nicht vom Fleck, aber Hormoz kam näher zu Farangis. Farangis faltete die Hände.

Der Fotograf sagte: „Bitte lächeln!"

Farangis schaute den alten Mann an, der sie immer noch anstarrte, und lächelte. Der Blitz ließ ihre Augen einen Moment lang erstrahlen.

Aus dem Persischen von Sahar Alafi

Simin Daneshwar

✤

Der Garten der Steine

Es war die Hochzeit ihrer Kusine, und sie saß da und fuhr mit der Nadel und dem roten Faden durch die Luft - sie nähte symbolisch die Zunge der künftigen Schwiegermutter fest, damit sie nicht so viele Vorschriften machen konnte. Sie hatte sogar selbst die Hochzeits-Ssofreh arrangiert, wie es die Tradition verlangte. Sie war vertieft in das Nähen eines Tuches, das sie über den Kopf der Braut halten würden, während eine Frau darüber zwei Zuckerhüte aneinanderrieb, damit ihre Zukunft süß sei. In dieser Situation hatte er es gesagt. Es war der Todesstoß. Die Frau hörte auf, die Zuckerhüte aneinanderzureiben und starrte ihn, wie die anderen, erstaunt an. Warum schwiegen sie alle? Warum stand ihre Kusine nicht auf und verpaßte ihrem Bruder Jawad eine Ohrfeige? War sie etwa nicht ihre Freundin? War sie nicht ihre Zuträgerin gewesen? Alles, was Jawad getan hatte, hatte sie ihr erzählt. Hatte sie sie etwa nicht direkt zu dem Bett geführt, das im Abstellraum zurechtgemacht worden war, und ...?

Er hatte gesagt: „Almass, verlasse bitte das Hochzeitszimmer! Du bringst Unglück! Du hast ein behindertes Kind auf die Welt gebracht."

Ein ums andere Mal war sie mit Firuz zum Arzt gegangen, aber der hatte gesagt: „Das kommt von der Heirat unter nahen Verwandten ... Es hat etwas mit den Erbanlagen zu tun ..."

Kurz gesagt, das Kind war mongoloid. Aber es war nicht nur wegen Almass. Stammt ein Kind nicht von Frau und Mann gleichermaßen ab?

Almass hatte sich mit der Nadel in den Finger gestochen, und das weiße Tuch war nun blutbefleckt. Die Frau, die die Zuckerhüte aneinanderrieb, reichte diese einer anderen, die neben ihr stand.

Almass ging aus dem Zimmer und verließ anschließend das Haus. Sie nahm ein Taxi und fuhr direkt zu dem Schlosser, mit dem sie einen Termin vereinbart hatte. Im selben Taxi fuhr sie mit dem Schlosser zu sich nach Hause und ließ ihn an allen Türen des Hauses die Schlösser auswechseln. Sie nahm ihren Sohn, der gerade von Roghieh getragen wurde, auf den Arm und küßte ihn. Firuz konnte lachen. Er preßte seine Lippen aufeinander, es dauerte ein Weilchen, aber schließlich lachte er doch. Seinen Vater lachte er nie an, und er ließ sich auch nicht von ihm tragen. Seine Augen waren völlig in Ordnung, hören konnte er auch tadellos, besonders, wenn ihm jemand eine Geschichte erzählte. Nur seine Beine wuchsen nicht, sie waren schmächtig geblieben. Ganz gleich, wie sehr Almass sich bemüht hatte, ihm Laufen und Sprechen beizubringen, es gelang ihr nicht.

„Nichts als ein Stück Fleisch", sagte er. „Er ist nichts, einfach nichts." Und sie erwiderte: „Ich liebe dieses Nichts." Bei jeder Gelegenheit warf er ihr vor: „Asche auf dein Haupt, was hast du da auf die Welt gebracht?!" Immer wieder sagte er: „Nichts hast du für mich getan, überhaupt nichts! Du hast mir nicht einmal dein Haus überschrieben."

Almass wußte, worauf er hinaus wollte. Sie war von A bis Z über seine Machenschaften informiert. Immer wieder hatte ihre Schwägerin, die sie sehr mochte, sie darauf aufmerksam gemacht. Heimlich wurde sie zu dem Ort geführt, an dem ihr Mann seine Untaten beging. Schweigend war sie dort Zeugin. Doch sie verließ den Ort immer wieder rechtzeitig auf leisen Sohlen, nicht einmal ihre Tante und ihre Kusine wußten, wann sie gegangen war.

Seit einiger Zeit hatte sie den größten Teil von Jawads Sachen in einen Koffer gepackt. Als der Schlosser fort war, packte sie seine restlichen Sachen in einen weiteren Koffer. Mit dem Kleinen auf dem Arm schaffte sie zusammen mit Roghieh die Koffer zu ihrer Nachbarin Nadereh. Nun hing nur noch sein Geruch im Haus, die Ausdünstungen seiner Füße und Achseln waren zurückgeblieben ... Würde sie diesen Geruch bis ans Ende ihres Lebens ertragen müssen?

Nadereh fragte: „Soll ich alles quittieren?"

„Nein." Sie hatte großes Vertrauen zu Nadereh.

Die aber sagte noch einmal: „Ich quittiere lieber alles, damit er nicht irgendwann unbewiesene Behauptungen aufstellt."

Nein, es war nicht nötig. Sie hatte selbst seine Sachen detailliert aufgelistet. Nadereh weinte: „Glaubst du, du bist die einzige Frau, die nicht mehr als ein Objekt und ein Stück Dreck ist?"

Er hatte ihr gedroht: „Ich zünde dir das Haus über dem Kopf an! Ich ersticke Firuz, dieses Nichts, mit dem Kopfkissen! Ich spritze dir Säure ins Gesicht!" Zwischen seinen weiteren Drohungen, dieses und jenes zu tun, fuhr er sie an: „Geh doch zum Teufel, du nichtsnutzige Äffin!"

Almass wünschte sich von ganzem Herzen, daß er wirklich anders wäre, und genauso wollte sie nicht ein Objekt und ein Stück Dreck sein. Hätte ihr Mann seine Drohungen wahr gemacht, hätte sie sich gesagt: „Wie weit willst du es noch kommen lassen? Unternimm doch irgend etwas!"

Sie vernahm eine innere Stimme: „Das sieht doch jeder Blinde, wie deine Lage ist." Es war immer so, daß irgendeine Stimme zu ihr sprach. Sie wünschte, sie hätte damals auf diese Stimme gehört: „Tu es nicht! Lauf weg von ihm, damit du ihm nicht in die Falle tappst."

Wie oft hatten sie ihr alle geschmeichelt. Jawad hatte sie angefleht. Jawad hatte sie hofiert. Ihre selige Mutter und die Tante hatten gesagt, als man ihre Nabelschnur durchgeschnitten habe, hätten sie der Sitte nach verkündet, daß sie Jawad gehöre. Wie oft hatte Jawad ihr die Lüge aufgetischt, er habe sie von Kindheit an so geliebt! Er sagte: „Daß die Kinder von Schwestern einander heiraten, ist ein himmlisches Gesetz." Obwohl Almass noch sehr jung war, wußte sie doch, daß dieser Spruch Cousins und Kusinen väterlicherseits betraf. Jawad dagegen behauptete: „Der Himmel hat siebenundzwanzig Stockwerke. Wir gehören zu den Cousins und Kusinen mütterlicherseits und damit zum vierten Stockwerk. Die Kinder zweier Brüder gehören zum dritten Stockwerk." Sie hatte ihm das tatsächlich geglaubt. Sie war erst fünfzehn Jahre alt gewesen. Am Tag ihrer Hochzeit, als man sie sich auf einen Stuhl setzen hieß, wippte sie verspielt mit den Füßen auf und ab. Sie sprang in einem fort wieder auf, nahm sich jedesmal eine Handvoll von den Süßigkeiten und verteilte sie unter ihren Schulkameradinnen. Ihre Mutter hatte ihr eingeschärft, wenn sie gefragt würde, solle sie bis zum dritten Mal warten und dann erst „Ja" sagen. Doch kaum hatte der Mullah den Heiratsspruch aufgesagt und sie zum ersten Mal gefragt: „Frau Almass, ich bin ermächtigt, Sie zu fragen ...", war sie ihm schon ins Wort gefallen: „Ja, ja, ja!" Alle hatten gelacht, sogar Jawad. Aber ihre Mutter hatte sie in die Seite geknufft und gezischt: „Sterben sollst du!"

Roghieh und sie versuchten, Firuz etwas Brei zu geben. Löffel für Löffel führten sie ihm zum Mund. Das Kind hatte große Schwierigkeiten mit dem Schlucken. Es spuckte alles wieder aus, es spuckte ... Almass redete ihm gut zu: „Wenn du nur ißt und trinkst, erzähle ich dir die Geschichte vom Garten der Steine." Diese Geschichte liebten sie alle, Firuz, Roghieh und sie selbst. Innerlich sagte sie zu sich: „Bist du nicht selbst zum Garten der Steine geworden? Hast du dich etwa nicht mit gebundenen Händen ins Meer gestürzt?"

Es war einmal ein alter Mann, der hatte einen Garten und war zugleich verpflichtet, sich um den Garten seines Herrn zu kümmern, ihn zu pflügen, zu wässern, zu düngen, zu jäten, Blumen zu pflanzen, zu ernten ... Was für eine Mühsal! Der alte Mann war erschöpft und sagte zu seinem Herrn, er habe nicht mehr die Kraft dazu. Da sperrte der Landbesitzer das Wasser zum Garten des alten Mannes. Die Bäume welkten und waren bald vertrocknet. Die Schmetterlinge, die Spatzen, der Grünspecht und der Wiedehopf verließen den Garten des alten Mannes. Sie waren nun alle im Garten seines Herrn. Der Alte hörte das Ringeltaubenmännchen im Garten des Landbesitzers fragen: „Moses, wo ist Taghi?" Das Weibchen flatterte um einen Baum, der noch ein wenig grün war und einige Mirabellen trug. Da sprach der Alte zu den Bäumen und dem Ringeltaubenweibchen. Er sagte zu den Bäumen: „Ich höre eure Stimmen. Ihr fragt mich, warum ich euch nicht gieße. Ihr sagt, ich soll euch nicht verdorren lassen. Was soll ich tun? Das Wasser dieses Gartens ist gesperrt. Ich weiß, worüber du, Mirabellenbaum, dich beklagst: Ich habe dieses Jahr mit Mühe ein paar Mirabellen hervorgebracht. Unsere Früchte sind unser Stolz. Laß unseren Stolz nicht verkommen." Zu der Ringeltaube sagte er: „Von dir höre ich: Was spielt sich in deinem Kopf ab, daß du so beharrlich schweigst?"

Almass brach in Tränen aus. Firuz war eingeschlafen. Sie sagte zu sich: „Obwohl du unschuldig bist, quält dich doch das Leben. Flieh nur, flieh, du kannst es!" Und schluchzend erwiderte Almass sich selbst: „Ich fliehe, und ich errichtete neben jedem Garten der Steine einen Garten voller Bäume." Dann fragte sie Roghieh: „Schläfst du noch nicht?"

„Nein, Almass Khanom. Ich kann nicht einschlafen. Ich habe Angst, daß Ihr Mann kommt und den Zettel liest, den Sie an die Tür geklebt haben, und das ganze Haus in Brand steckt."

„Und wenn schon, soll er doch!"

„Dann müssen wir auf einem Berg Asche wohnen."

„Nein, wir gehen in den Garten der Steine."

Sie mußte Roghieh irgendwie beruhigen. Aber wie? Sollte sie ihre ganze weibliche Intelligenz preisgeben? Sollte sie sagen, daß sie das Haus verkauft, bereits einen Vorvertrag unterschrieben habe und am nächsten Tag zum Notar gehen werde, um den endgültigen Vertrag abzuschließen, den Erlös zur Bank zu bringen und den Kaufvertrag Nadereh zur Aufbewahrung zu geben? Sie wußte, daß Jawad vor dem nächsten Abend nicht zurück sein würde. Sie feierten weiter die Hochzeit seiner Schwester. Am Abend wurde wahrscheinlich Opium geraucht. Er würde vermutlich vor dem nächsten Abend nicht nach Hause kommen, und das Bett würde wieder in jenem Abstellraum stehen. Auf dem Kopfkissen würde sich das blonde Haar der Frau mit Jawads schwarzem Haar vermischen. Ihre Kusine hatte nun auch keine Zeit mehr, sie zu informieren. Es bestand die Gefahr, daß sie nach dem Jawort selbst als Frau zum Objekt und zu einem Stück Dreck wurde. Ob ihr Mann sich wie Jawad auf der Stelle zum Allmächtigen machte und sie anschrie, wie auf dem „Kilimandscharo", warum sie sich ihm nicht wie ein braves Kind hingab? Brüllte er wie der Löwe der Metro Goldwyn Mayer Filme?

Man braucht nicht lange im Müll zu wühlen. Der Teesatz, gebrauchte Papiertücher, Melonenschalen, kaputte Pantoffeln, Knochenreste, alles muß verborgen bleiben. Man muß den Müll eben in einer Tüte sammeln und fest verschnüren, damit die Katzen nicht daran kommen. Warum bekommt der Mensch ein schwarzes oder ein steinhartes Herz? Der Anblick von so viel Müll im Leben läßt das Herz versteinern, oder zumindest macht er enttäuscht. So unternimmt man alles, auch wenn es einem nicht recht ist. Aber mein Herz, es soll wirklich so rein bleiben.

Sollte sie Roghieh sagen, daß sie all ihr Gold und ihre Juwelen zur Bank gebracht hatte?

... Sie würde fortgehen und ein Grundstück neben dem Garten der Steine des alten Mannes kaufen. Zuallererst würde sie einen tiefen Brunnen bohren lassen ... Viel Wasser, schimmernd wie Diamanten und klar wie Tränen. Irgendein Wasser, das den Durst jedes Durstigen stillte. Irgendein Wasser, das tagsüber von der Sonne und nachts vom Mond geküßt wurde.

... Alle Sorten Bäume würde sie pflanzen. Alle Sorten Pflanzen würde sie aussäen. Alle Sorten Blumen würde sie setzen. Sie würde mit den Bäumen und den Blumen lange Zwiesprache halten. Diesmal würde dem Landbesitzer das Wasser gesperrt. Seine Bäume würden welken und vertrocknen. Er kannte nicht wie der Alte die Sprache der Bäume, um sie zu trösten.

... Die Scheidung und das Sorgerecht für Firuz mußte sie regeln. Das Gericht mußte es klären. Das Sorgerecht für das Kind würde Jawad zugesprochen werden. Er würde Almass' Nichts bekommen. Höchstwahrscheinlich würde er ihn verschwinden lassen. Vielleicht würde er sich sogar weigern, der Scheidung zuzustimmen, um sie erst richtig zu quälen. In diesem Fall mußte sie auswandern. Wohin? Hier war wohl oder übel ihre Heimat, trotz des Gartens der Steine. Sie stand auf und lief auf Zehenspitzen in die Küche, wo sie den Kühlschrank öffnete. Sie trank ein Glas Wasser.

Sie nahm auch ein Glas Wasser für Roghieh mit. Sie schaltete das Licht an. Roghieh richtete sich erschrocken im Bett auf und fragte: „Wer ist da?"

Almass sagte: „Ich bin es. Hab keine Angst."

Roghieh legte sich wieder hin, und Almass sagte: „Roghieh! Weißt du, wie der Alte den Garten angelegt hat?"

„Nein."

Sie nahm jeden Abend ihren Nachtschleier und ging zum Fluß, wo sie Unmengen von Steinen in ihren Schleier sammelte und sie in den Garten brachte. Dann ging sie und kaufte farbige Stricke, weiß, rot, blau, grün, alle Farben. Die Stricke schnitt sie in kleine Stücke. Dann rührte sie Lehm an. Sie bestrich die Steine mit dem Lehm und legte auf die Spitze oder über die Mitte der Steine die Stricke. Die mit Lehm bestrichenen Steine blieben, wenn sie getrocknet waren, an den Stricken hängen. Den Lehm fand sie am Flußufer. Der Fluß war großzügig. Der alte Gärtner spannte die Seile zwischen den verdorrten Bäumen. So weit das Auge reichte, sah man Bäume, an denen Steine wuchsen.

„Wo ist Moses, wo bleibt Taghi?"

„Du meinst die Ringeltaube? Der alte Mann versorgte sie mit Futter und Wasser und streichelte sie liebevoll."

„Hat das Ringeltaubenmännchen nicht mehr nach ihr gerufen?"

Almass summte vor sich hin: „Oh, mein Herz, mein Herz, mein Herz."

Aus dem Persischen von Sabine Allafi

Behjad Malak-Kiani

❧❧

Oh Baba!

Zabol schlief. Und der Hamunsee wachte. Ein schmaler Streifen Wasser schimmerte in seinem Bett dick wie kristallisierter Sirup, dessen Rand sich zäh wölbte.

Ich stand am Rande des Hamun und starrte ihn an. Wie schwarz und leblos er war! Vor einer halben Stunde, als ich aus dem Schlaf gerissen wurde, hatte ich festgestellt, daß mein Mann wie stets nicht neben mir lag. Sein Bett war zerwühlt. Ich wußte, wo er war. Seit einem Jahr war es so, daß er mitten in der Nacht, wenn alle schliefen, sein Bett verließ. Ich wußte, daß er am Hamun saß und mit ihm redete. Wenn ich meine Ohren gespitzt hätte, hätte ich sogar hören können, wie er mit dem Baba-Gebirge sprach und es verfluchte.

Ich stand auch aus meinem Bett auf. Meine Kinder schliefen da und dort im Zimmer, sie atmeten ruhig. Manchmal sprach eines von ihnen im Schlaf und ruderte mit den Armen und Beinen. Ich ging zum Hamun, um meinen Mann zu holen. Ich wußte, daß er dort war. Wo sollte er sonst sein? Von weitem schon vernahm ich seine Stimme. Ich setzte mich am Rande des Hamun auf die Erde und schaute ihn an. Ich wußte nicht, warum ich in diesem Augenblick das Gefühl hatte, der Hamun lebe, er bewege sich und empfinde etwas. Es war, als dächte er. Vielleicht dachte er an die Regentropfen und einen Rinnsal frischen Wassers. Vielleicht dachte er an Entenküken und Schilf. Er wand sich wie ein Fisch auf dem Trockenen. Plötzlich empfand ich Mitleid mit den kleinen Fischen und Enten. Es gab kein frisches Wasser für die Ärmsten. Bestimmt war ihnen übel vom Schlammgeruch. Ich lief weiter. Ich mußte meinen Mann finden und nach Hause bringen. Von weitem hörte ich seine Stimme. Er verfluchte das Baba-Gebirge. Ich hörte ihn schreien: „Oh Baba! Oh Baba! Mit meinen bloßen Händen reiße ich dir die Augen aus! Ich lasse es nicht zu, daß du meinen Hamun traurig siehst! Ich lasse es nicht zu, daß du das Wasser, das der durstigen Erde zusteht, in deinen dunklen Hals gießt! Mit diesen Händen werde ich deinen Kopf zerschlagen! Mit diesen Zähnen werde ich dein Herz aus Stein zermalmen! Ich entreiße den Hirmand-Fluß deinen Krallen! Ich reiße ihm mit meinen Krallen die Haare aus!"

Ich höre die Stimme meines Mannes, der laut weint, und gleichzeitig sehe ich seinen hageren, schmalen Schatten auf dem Sand. Er zittert. Er sammelt seine Tränen in den Händen und läßt sie in den Hamun tropfen: „Komm, Hamun, nimm diese frischen, nassen Tränen an. Vielleicht füllen diese Tränen, diese kleinen Tropfen, deinen Mund. Wir sind dir so viel schuldig. Du warst voller Größe und Güte für uns. Du warst uns eine Mutter. Du warst die Milch für uns. Wie kommt es, daß all diese Milch auf einmal versiegt, daß die Mutter stirbt und wir Kinder voller Trauer sind? Weißt du, ich sage es leise nur zu dir: Seit ein paar Tagen hat meine Frau unseren Backofen zu Hause nicht geheizt. Sie hat kein Brot gebacken. Meine Kinder haben kein frisches Brot in der Hand! Unser Milchschlauch ist leer. Wir haben auch keinen Tropfen Öl mehr. Auf unserem Tisch gibt es keinen Joghurt. Oh Hamun! Die armen Enten sind alle gestorben! Die kleinen Fische kommen auch nicht mehr! Oh Hamun! Oh Hamun!"

Ich höre seine Klagen immer deutlicher. Ich trete näher zu ihm. Ich sehe ihn, wie er da am Hamun sitzt und dabei ist, mit den Fingern irgend etwas in den Sand zu zeichnen. Mal reckt er den Kopf zum Himmel hinauf, mal streckt er die Hände zu den Bergen aus. Dann klagt er: „Oh Baba! Weißt du, daß unsere Kuh auch verendet ist? Unsere Äcker sind verbrannt! Wie konntest du den Sirup der Wolken verschlingen? Deinen Hirmand füllen und den Hamun austrocknen lassen? ... Nein, nein, mein Hamun trocknet nicht aus! Mit meinen eigenen Händen fülle ich ihn neu. Ich mache seine Enten und die Fische wieder lebendig! Ich lasse es nicht zu, daß sich mein Hamun vor meinen Augen im Todeskampf winden und verdorren muß. Das lasse ich nicht zu!"

Ich legte meinem Mann die Hand auf den knochigen Rücken und sagte: „Steh auf und geh schlafen. Der Baba hört uns nicht. Seine Ohren sind aus Stein. Wenn er uns hören könnte, hätte er bestimmt schon längst irgend etwas unternommen."

Er sah mich mit seinen rot umrandeten, halb geöffneten Augen an, als würde er mich nicht kennen, als sähe er eine fremde Frau. Ich zog ihn vom Boden hoch und brachte ihn nach Hause. Dort legte ich ihn in sein Bett. Aber ich selbst saß noch immer wach da. Ich wußte nicht, warum ich nicht einschlafen konnte. So stand ich auf und ging hinaus. Vor meinen Augen erstreckten sich die Reihen der Lehmhäuser und die vertrocknete, aufgesprungene Erde. Auf ihr wogten einst um diese Jahreszeit die Weizenfelder, an deren Rand ich nachts schlief. Ich weiß nicht, warum mir die Vergangenheit in den Sinn kam, die Zeit, in der der Hamun noch voller Wasser war, als sein Mund nicht ausgetrocknet war mit Schaum in den Mundwinkeln. Damals hatte, wenn es dunkelte, sein ganzer Körper gestrahlt und gezittert. Wir ließen unsere Boote zu Wasser und fuhren hin und her. Manch einer fischte. Welch schöne Erinnerung! Es war eine schöne Zeit! Alles war grün. Im Frühjahr blühten überall Narzissen. Ich pflückte einen Strauß für die Vase. Der Blumenduft erfüllte die Luft. Unsere Kühe und Schafe hatten genug zu fressen und gaben viel Milch. Ich molk sie eimerweise und machte Butterfett. Schönes, goldgelbes Fett! Ich bewahrte es in einem Schlauch auf und überließ ihn anderen, die es in der Stadt verkauften. Stets gab es Joghurt und Sauermilch auf unserem Tisch. Morgens, wenn ich die Zimmer ausgefegt und die anderen Arbeiten erledigt hatte, ging ich zum Backofen und backte Brot. Welch herrliches Brot! Knusprig braun und weiß! Und der Duft, den es verströmte! Morgens und abends backte ich. Immer frisches Brot! Meine Kinder versammelten sich um den Backofen. Das Feuer ließ ihre kleinen Gesichter rot schimmern. Und sie hatten immer Brot!

In diese Gedanken versunken, erreichte ich den Hamun. Ich setzte mich an sein Ufer und schnürte meine Kopfbedeckung fest. Genau ein Jahr war es nun her, daß mein Mann verrückt geworden war. Vorher war es ihm gut gegangen. Tagsüber ging er aufs Feld. Wir hatten eine gute Ernte. Dazu hatten wir einen kleinen Garten, in dem kernlose Weintrauben wuchsen. Und wir hielten eine Kuh und Schafe. Es ging uns sehr gut, und wir hatten keine Sorgen. Als der Hamun noch sein Wasser hatte, hatten wir auch eine gute Zeit. Aber als der Hamun austrocknete, trockneten auch wir aus. Der Weizen wuchs nicht mehr. Dem Garten fehlte die Bewässerung. Die Kuh und die Schafe fraßen Papier und wurden immer dürrer. Wie war mein Mann damals bekümmert! Er dachte immer an den vertrockneten Hamun. Schließlich waren wir gezwungen, unsere Felder zu verkaufen und dazu auch die Kuh und die Schafe. Wir wollten Zabol und den Hamun zurücklassen und fortziehen. Aber wohin? Wir wußten es selbst nicht. Es würde schon einen Ort geben, an dem wir einen Bissen Brot verdienen konnten. Ich werde nie den Morgen jenes Tages vergessen, an dem wir unsere Felder und das Vieh verkaufen wollten. Ich war früh aufgestanden und hatte Tee gekocht. Aber mein Mann ging, ohne Tee zu trinken, nach draußen, um nach den Tieren zu schauen. Er nahm die Tiere und ging. Wir sollten ihm folgen. Es war vereinbart, daß wir dem Fleischer Ismail alles verkaufen würden. Der Fleischer Ismail erwartete uns vor seinem Haus und war sehr zufrieden über das Geschäft mit uns. Als er uns sah, fing er an, von der Wertlosigkeit des Viehs und der Felder zu reden. Er versuchte, den Preis herunterzuhandeln. Schließlich kaufte er das Vieh und die Felder zum halben Preis. Das Geld gab er meinem Mann. Der nahm das Geld und legte es auf die Erde zu seiner Jacke. Er verhandelte immer noch mit dem Fleischer. Wir standen um ihn herum und starrten auf ihre Münder. Ich ging ins Haus, um mich von der Frau des Fleischers zu verabschieden, da wir vorhatten, Zabol am folgenden Tag zu verlassen. Als ich wieder aus dem Haus herauskam, sah ich, daß sich dort eine Menschenmenge versammelt hatte. Mein Mann saß auf dem Boden und schlug sich die Hände vors Gesicht. Als ich mich ihm näherte, teilte er mir mit, was passiert war. Das Vieh hatte die fettigen Geldscheine, die mein Mann von Ismail erhalten hatte, aufgefressen. Es war hungrig gewesen und hatte unser ganzes Leben vertilgt. Seit dieser Zeit ist mein Mann verrückt geworden. Wir sind hier geblieben in der Hoffnung, daß sich der Hamun eines Tages wieder füllen würde. Nun kommt mein Mann jeden Abend zum Hamun, setzt sich nieder, redet mit ihm, verflucht das Baba-Gebirge und droht ihm.

Ich machte mich auf den Weg nach Hause. In der nächtlichen Finsternis sah ich mein Haus, wie es sich mit seinen niedrigen Lehmwänden duckte, als wolle jemand auf es einschlagen. Ein Stück weiter lag das Haus des Fleischers Ismail. Die Tür und die Fenster strahlten. In jenen Tagen florierte sein Geschäft, da alle Leute aus Zabol ihre Kühe und Schafe verkauften und fortzogen. Er brachte das Vieh in die Städte und verkaufte es dort.

Damals, bevor der Hamun ausgetrocknet war, ging Ismails Geschäft nicht so gut. Er besaß noch nicht einmal ein Stück Land. Seine Hände und Kleider waren stets befleckt mit dem Blut der Kühe und Schafe. Aber nun tragen seine Frau und die Kinder die Nase hoch in Zabol. Sie blicken auf Leute wie uns herab. Ihre Kleider und Schuhe sind nagelneu. Bei ihnen steht immer eine Fleischsuppe auf dem Herd. Oh, mein armer Mann! Was ist passiert? Was wußtest du, was aus der Welt werden würde? Wenn du das gewußt hättest, hättest du sicher nicht von früh bis spät auf diesem Stück Land geschwitzt und dich für die Kühe und Schafe abgerackert. Nun gut. Aber was kann man tun? Es ist eben so, mal oben, mal unten. Ich wünschte mir, es wäre nicht Mitternacht. Dann ginge ich zu der Alten, würde ihre Wasserpfeife richten und kräftig daran ziehen.

Aus dem Persischen von Sabine Allafi

Simin Daneshwar

❧❧

Wüste

All meine Bewegung in der Zeit war auf die Rettung meines Bruders gerichtet. Jedesmal, wenn das Telefon schrillte, erwartete ich, seine Stimme zu hören. Rostam Farrochzads Brief an den Bruder ging mir nicht aus dem Kopf: „Dein Körper, Bruder, möge unversehrt bleiben ..." Als ich an die Stelle kam: „... da Ghadessieh mein Grab ist", wollten meine Tränen nicht versiegen. Der Briefträger hatte keine Post für mich, weder aus Ghadessieh noch aus der Türkei, dem Irak oder von sonst irgendwo. Eine Stimme, die du zu hören ersehnst oder ein Brief, den du erwartest, können in deinem Leben wie ein Glückwunsch zu Nohruz sein. Es dauerte eine Weile, bis ich begriff, daß Ghadessieh ein Schicksal besiegelt hatte, mehr als jeder Anruf oder Brief. Ich fühlte mich wie einer, der in einem Schiff auf dem Meer treibt, in einem brüchigen Schiff, und der sein Leben in Gottes Hand gab. Abends, wenn ich den reinen Ruf des Azan vernahm, betete ich: „Oh Gott, in Deiner Göttlichkeit und Größe, bei Deinem Erbarmen, in deiner Güte, errette meinen Bruder aus diesem Strudel und halte Deinen Mantel über ihn." Wie oft bin ich beim Meister vorstellig geworden und habe um seinen Segen gebeten. Die Gebete, die er mir auftrug, habe ich jeden Mittag und Abend verrichtet. Der Herr hat diese Hoffnung in mir keimen lassen. Bei Gott, ich erlaube es nicht, daß meinem Bruder ein Haar gekrümmt wird! Ich habe mein Leben gelebt. Aber mein Bruder war frisch verheiratet. Bevor er zu seiner geheimnisvollen Reise aufbrach, übertrug er mir die Verantwortung für seine Gemahlin. Jedesmal, wenn das Telefon schrillte, rannten wir alle zum Apparat. Nach jedem Anruf war meine Schwägerin Shirin enttäuscht und bekam Leibschmerzen. Meine Frau rieb ihr dann den Bauch mit Vaseline ein und machte ihr einen warmen Umschlag. Das Streicheln ihrer Freundin und die Wärme des Umschlags linderten ihren Schmerz. Meine Frau sagte: „Ich glaube, Shirin ist schwanger. Sie muß sich morgens übergeben, und sie hat Gelüste. Hast du gesehen, wie viel sie beim Essen von dem sauer eingelegten Gemüse nimmt. Wenn du aus dem Haus gehst, bringe Mango Chutney für sie mit."

Ich habe so oft nach dem Verrichten der Gebete des Meisters Gott angefleht, mein Leben zu nehmen und das meines Bruders zu schonen. Ich wünschte, meine Arme und Beine wären damals verstümmelt gewesen, und ich hätte ihn nicht auf der Militärschule anmelden können. Hatte ich ihn nicht durch diese Anmeldung aus meinem Leben fernhalten wollen, um mit meiner frisch angetrauten Ehefrau allein zu sein? Wenn er am Wochenende zu uns kam, schaute er traurig drein. Im Schlaf redete er laut, sehr laut: „... eine Last für den Bruder ... ein Esser mehr ..." Das immer wieder zu hören, brachte mich zur Verzweiflung. Es kommt nicht von ungefähr, wenn ein Mathematiklehrer Zuflucht bei einem Sufi-Orden sucht und ein Adept des Meisters wird. Es kommt auch nicht von ungefähr, wenn dieser Mathematiklehrer beim Steineschlagen zu seiner Frau sagt: „Wenn du mich liebst, sollst du meinen Bruder auch als deinen Bruder ansehen." Und dieses Gottesgeschöpf sagt: „Tue ich das etwa nicht?"

Wie sehr ich wünschte, mein Bruder wäre nicht Offizier geworden! Und wie sehr ich wünschte, er wäre nicht Adjutant des Generals geworden! Es heißt, das Leben bestünde aus einer Reihe von Abenteuern. Das Leben ist nur. Aber mein Leben war eine Verkettung von Wünschen und Bußetun, von Ängsten, die es mir nicht abzuschütteln gelingt. Es war das Gefühl, von Gott im Stich gelassen worden zu sein. Daß die Zeit mich verschüttet habe. Obgleich sie so langsam dahin kriecht. Ich habe meinen Bruder großgezogen. Als er Waise wurde, konnte er den Namen seines Vaters noch nicht aussprechen. Als meine Mutter ihn zur Welt gebracht hatte, schied sie aus dem Leben. Sie hat mir die Sorge um ihn aufgetragen. Und ich habe versucht, im Leben stets alle Fäden in der Hand zu halten. Und ich habe alles daran gesetzt, daß alles blieb wie es immer war, daß alles in geordneten Bahnen verlief. Nun war nichts mehr an seinem alten Platz. Als ob im Kosmos die Geometrie und die elliptischen Umlaufbahnen außer Kraft gesetzt seien und die Welt nicht mehr nach der Theorie Einsteins und seiner Fachgenossen funktionierte. Als habe das Leben keinen Begriff und keinen Sinn mehr. Als habe Gott nicht nur uns und unser Land, sondern die ganze Welt im Stich gelassen.

Als mein Bruder befördert wurde, habe ich ihm die goldenen Sterne für seine neuen Achselstücke gekauft. Das nennt man Determinismus. Als er zum Major ernannt wurde, habe ich ihm eine goldene Armbanduhr geschenkt. Das nennt man die Ausdehnung des Determinismus. Als ich seine Schranktür öffnete, glänzten die goldenen Sterne auf seiner Offiziersuniform. Seine Bücher und seine nicht beendeten Tagebücher, alles war da, nur er selbst nicht. Ich las seine Notizen. Alles war voll gegenseitiger Nettigkeit. Es fand sich keine Klage über das Soldatenleben oder darüber, daß er anderen zur Last falle. Ob ich sein Tagebuch über die Reise in den Irak auch würde lesen können? Wie und um welchen Preis wird diese Reise zu Ende gehen? Ein Leben lang Leiden und Reue?

Endlich ... das Telefon ließ das ersehnte Läuten vernehmen. Ich wußte nicht, ob es das ersehnte Läuten war oder ein anderes, aber ich stürzte so hastig an den Apparat, daß ich ausrutschte und mir den Kopf blutig schlug. Es war der General persönlich. Er sprach französisch. Er sagte: „Tun Sie, was ich Ihnen sage, ohne eine Erklärung dafür zu verlangen." Seine Anweisungen waren etwas unklar. Trotzdem versprach ich, alles zu tun. Der Treffpunkt war an der Brücke in Ghadessieh. Einen Müllsack voller Geld, einen Stapel Dollarscheine, meine Schwägerin im schwarzen Schleier und mit dunkler Sonnenbrille. Hatten diese Anweisungen irgend etwas mit dem Wiedersehen mit meinem Bruder zu tun? Mit keinem Wort hatte er meinen Bruder erwähnt. Er hatte noch nicht einmal gesagt, ob ich das Testament, das mein Bruder mir vor seiner Abreise übergeben hatte, öffnen solle.

***

... heute bin ich zum Adjutanten des Generals befördert worden. Wie ein Doppelgänger, wie ein Schatten, begleite ich ihn. So lautet die Anweisung, und das ist ganz natürlich. Ich bin doch beinahe der Schwiegersohn des Generals. Die Nichte seiner Gattin Iran Khanom ist meine Frau. Am Wochenende gehe ich mit dem General und einer Familie zum Skifahren. In Lashkarag liegt genug Schnee. Nasi Khanom ist sehr intelligent. Sie hat sowohl sehr rasch Skifahren gelernt als auch ihre Geometrieaufgaben sehr schnell gelöst. Ich wohne im Palast des Generals neben dem Ssadabad-Palast. Wir speisen am selben Tisch. Abends spiele ich mit dem General, Iran Khanom und meiner Frau Karten. Wir hören ausländische Sender. Ich kontrolliere die Schularbeiten der Kinder.

... der General hat seinen Palast mit goldenen Türklinken, äußerst wertvollen Teppichen und Antiquitäten, Marmorstatuen und einer enormen Zahl von Kristallgefäßen dem Prinzen geschenkt. Welch rauschende Feste hatte man in diesem Palast gefeiert! Welch berühmte Sängerinnen und Sänger waren hier aufgetreten! Eine der Sängerinnen hatte dem General gefallen. Ich weiß nicht, ob sie selbst es war oder ihre Stimme. Sie war verheiratet. Sowohl ihr Ehemann als auch Iran Khanom drückten ein Auge zu.

Ich selbst habe den General mit seiner Familie an die irakische Grenze gefahren. In Ghassre Shirin habe ich einen bitteren Abschied erlebt. Weinend kam ich zu meinem Bruder. Meine Frau war sehr besorgt. Mir ist noch immer keine Aufgabe zugeteilt worden. So sitze ich zu Hause herum.

... heute haben sie mich zu sich gerufen. Sie haben mir einen merkwürdigen Vorschlag gemacht. Sie brachten mich in einen völlig dunklen Raum, und ein Mann, dessen Gesicht ich nicht erkennen konnte, sagte mir, ich dürfe mich nicht umdrehen ... Mit einer Stimme, die von den Wänden widerhallte, sagte er: „Du mußt in den Irak gehen und den General töten!" Er sagte noch: „Dieser Unwürdige bereitet mit Unterstützung des Auslands einen Putsch vor", und dann spuckte er aus. Wie sehr ich auch darum bat, mir diese Aufgabe zu erlassen, er ließ sich nicht erweichen, sondern er sagte: „Der Befehl kommt direkt vom Schah. Es gibt kein Wenn und kein Aber. Glaubst du Waisenkind, du wärest ohne Grund so rasch zum Major befördert worden? Deine Kameraden müssen noch ziemlich lange als Kommandanten dienen." Er legte mir eine Augenbinde an und brachte mich in einen anderen Raum. Er zwang mich, den General anzurufen. Ich sollte sagen, daß ich ihn vermißte und danach verlangte, ihn zu sehen. Ich versuchte, ihm zu verstehen zu geben, daß dieser Besuch ein riskantes Unternehmen war, dem er nicht zustimmen sollte oder daß er sich in Sicherheit bringen müsse. Was konnte man tun mit einem Revolverlauf an der Schläfe und den Tönen, die von allen Seiten auf einen eindrangen und im Kopf schauderhaft widerhallten?

Ich packte meinen Koffer voller Souvenirs für den General und seine Familie. Pistazien und Gaz aus Isfahan waren darunter noch die bescheidensten Gaben. Ich hielt mein Jagdgewehr in der Hand, da der General am Telefon vorgeschlagen hatte, miteinander jagen zu gehen. Warum hatte er mich nicht gefragt, woher ich seine Telefonnummer wußte? Woher kannten sie seine Telefonnummer? Diese Frage konnte man von einem so intelligenten Mann schon erwarten. Dann wäre ich vermutlich ins Stottern geraten, und mein Auftrag wäre geplatzt.

Zu meinem Empfang waren alle zum Flughafen gekommen. Wir fielen einander schluchzend in die Arme. War er durch mein Schluchzen und die Stimme jenes Mannes gerufen worden? Mit meinen verweinten Augen starrte ich in seine. Als wären es seine Augen, die mich durchbohrten, und nicht mein Jagdgewehr, dessen Kugeln ihn durchsieben sollten. Ich legte das Gewehr auf meinen Koffer und lehnte meinen Kopf an seine Schulter. „Der Tod des Generals muß ganz natürlich und zufällig wirken", tönte diese fürchterliche Stimme in meinem Kopf.

Sein Haus glich einem Palast. Nasi Khanom sagte, es sei der Palast Nuri al-Saids gewesen. Ich kannte ihn nicht. Sie überließen mir Nasi Khanoms Zimmer. Die ganze Nacht bekam ich kein Auge zu. Konnte ich meinen Auftrag so schnell wie möglich ausführen und zurückkehren? Bei ihm zu Hause war es nicht durchführbar, auch wenn der Palast sehr geräumig war. Aber was traf sie für eine Schuld, die Kinder und Iran Khanom? Wie konnte ich meinen Brotgeber, Freund und Verwandten vielleicht während des Mittag- oder Abendessens bei all der Zuneigung, die mir von allen Seiten entgegengebracht wurde, töten? Man konnte ihn früh morgens, wenn er der Gewohnheit eines Offiziers gemäß zeitig aufstand und sich vor dem Spiegel rasierte, mit meinem Revolver, der über einen Schalldämpfer verfügte, geräuschlos töten, anschließend das Haus verlassen und sich mit einem Taxi direkt in die iranische Botschaft begeben. So war es vorgesehen.

Iran Khanom führte mich durch den ganzen Palast. Sie bewohnten das erste Stockwerk. Die Türen im Parterre waren alle verschlossen, außer der Küche, dem Bad und zwei Zimmern für den Hausdiener. Im hinteren Teil des Gartens befand sich ein sehr großes Gebäude. Dorthin brachte Iran Khanom mich nicht. Wenn der General putschen wollte, hatte er dort vielleicht ein Waffenlager angelegt? Schade. Befand sich dort sein Stab? Hatte er wirklich die Räume jenes Hauses dort der Kriegsplanung zur Verfügung gestellt? Bis zum letzten Tag meines Aufenthalts im Palast gelang es mir nicht, das Geheimnis dieses Gebäudes zu lüften. Ich wagte auch nicht, jemanden danach zu fragen. Aber ich sagte mir, du warst immer Palastbewohner, im Teheraner Stadtteil Shemiran wie in Bagdad.

Ich versuchte, mich vollkommen auf die Missetaten des Generals zu konzentrieren. Als ich sein Oberadjutant geworden war, wurde mir schnell klar, daß er den Oberbefehl über den SAVAK hatte. In diesem Punkt haßte ich ihn, obwohl ich wußte, daß er nicht direkt mit dem Geheimdienst zu tun hatte. Aber die Gerüchte, die zuerst wie ein Schneeball aussehen und auf ihrem

Weg ins Tal zu einer Lawine anwachsen, kamen nicht zur Ruhe. Die Grundlage der Gerüchte in der Welt ist, daß ein jeder seinen Teil dazu beiträgt. Das habe ich von einem Geistlichen gelernt. Obwohl dieser gesagt hatte, die Grundlage der Unterdrückung ...

... der Geistliche trat in mein Büro und sagte, er wolle beim General vorsprechen. Er sagte: „Wenn es sein muß, bleibe ich bis ans Ende aller Tage hier sitzen, bis er mich zu sich läßt." Und er fügte hinzu, er sei mit seiner arabischen Frau nur deswegen aus Najaf hierher gekommen. So war ich gezwungen, in das Zimmer des Generals zu treten und ihm zu berichten. Der General befahl, er möge hereinkommen.

Ich führte den Geistlichen in das Zimmer des Generals. Der Geistliche sagte: „Ich habe keine Spur von meinem achtundzwanzigjährigen Sohn. Vermutlich habt ihr ihn liquidiert. Ich muß wissen, wie. Ihr müßt mir auch sein Grab zeigen." Er zog einen Koran aus seiner Tasche, legte ihn auf den Schreibtisch des Generals und sagte: „Ich schwöre auf diese Heilige Schrift, wenn ich es erfahre, werde ich Sie noch nicht einmal verfluchen. Dann kehre ich sofort zurück. Das ist alles."

Sein Schreibtisch war voller Telefone, darunter sogar eines mit Direktverbindung zum Schah. Ich wußte, daß ich nun die Nummer des Folterers zu wählen hatte. Der General fragte ihn aus. Dann befahl er: „Sag die Wahrheit!" Nachdem er eine Zeitlang zugehört hatte, begann er, auf den Enden seines Schnurrbarts herumzukauen, schließlich biß er sich auf die Lippen und sagte: „Mistkerl! Ich habe gesagt, geh und bringe mir Informationen, aber du hast mir den Kopf gebracht! Und jetzt weißt du noch nicht mal, wo der Kopf geblieben ist?!"

Der General zog ein feines Taschentuch aus seiner Jackentasche und wischte sich damit den Schweiß von der Stirn. Leise sagte er: „Sie haben Ihren Sohn mit ein paar anderen Gefangenen an den Füßen aufgehängt, um sie zum Reden zu bringen, und sind selbst zum Abendessen gegangen. Dann haben sie sich besoffen. Als sie zurückkamen, waren alle tot. Sie haben sie in der

Nacht auf einem Friedhof verscharrt. Aber sie waren blau und wissen jetzt nicht mehr, wo."

Ich schaute den Geistlichen an. Er saß da wie die Statue des Avicenna in Hamadan. Als er aufstand, steckte er seinen Koran wieder in die Tasche und sprach von Unterdrückung und Gewalt. Der General hatte sich auch erhoben. Der Geistliche sprach weder einen Gruß, noch verlor er sonst irgendein Wort zum Abschied.

Ich stand auf und nahm mein Jagdgewehr, um in das Zimmer des Generals zu gehen. Mit dem Jagdgewehr? Ich hörte Nasis Lachen. Ich hörte die Unterhaltung von Iran Khanom und dem General. Ich zog das Magazin wieder aus dem Gewehr und verstaute die Patronen ganz unten in meinem Koffer. Darüber legte ich die Kleider. Der Revolver steckte in meiner Jackentasche. Ich schob es auf bis morgen, wenn er aus dem Bad kommen würde. Von Angesicht zu Angesicht, wie ein Mann. Iran Khanom selbst hatte einen Anzug meines Bruders für mich umgeschneidert und in Nasis Schrank gehängt. Der andere Anzug, den ich trug, war mein Hochzeitsanzug, den sie mir gekauft hatte. Mord im Hochzeitsanzug ...!

Ich schnupperte an Nasis Kleidern und sog ihren Duft tief ein. Sie waren feucht von meinen Tränen. Das Fotoalbum lag auf dem Schreibtisch. Ich blätterte darin. Da entdeckte ich das Foto von meiner Frau und mir, wie der General mir einen Kuß auf die Wange gab und meiner Frau den Brillantring an den Finger steckte. Auf so vielen Fotos standen wir zusammen. Ein Foto von uns allen Fünfen in Skikleidung. Die Fotos vom General und mir in Uniform bei offiziellen Feierlichkeiten und Anlässen mit und ohne Sänger und Sängerin. Schön waren wir beide und unsere Gesichter voller Liebenswürdigkeit. Nun mußte einer von uns zum Mörder und der andere zum Opfer werden.

... der General fragte nach dem Alltag im Iran und nach unserem Wohlergehen. Ich sagte ihm, daß ich noch immer zu Hause säße und man mir keine Aufgabe zugeteilt hätte. Ich sagte, daß ich bei meinem Bruder Unterkunft gefunden hätte und meine Frau schwanger sei. Es lag mir auf der Zunge zu sagen: „Ihr Leben ist in Gefahr, wechseln Sie Ihren Aufenthaltsort! Verlassen Sie den Irak!" Aber ich brachte es nicht hervor. Ich wollte ihm sagen, daß die Herren die Vermutung haben, Sie bereiten einen Putsch vor. Aber ich schluckte die Worte wieder hinunter. Hätte ich ihm gesagt, daß sie mich geschickt hatten, um ihn zu ermorden, hätte er mir kein Wort geglaubt. Der General sagte: „Ich dachte, du freust dich, uns zu besuchen, oder? Aber du siehst aus wie einer, dessen Mutter gerade gestorben ist." Ich legte meinen Kopf auf den Tisch und fing wieder an zu weinen.

Der General sagte: „Bleib doch ein paar Wochen bei uns. Du hast nichts zu tun. Ich werde dir den ganzen Irak zeigen." Das ungeladene Gewehr und die Patronen im Koffer, der Revolver in meiner Jackentasche tanzten vor meinen Augen auf und ab. Ich fragte: „Gehen wir vielleicht auch auf die Jagd?"

Der General antwortete: „Zuerst besichtigen wir das Jagdmuseum, die Jagd heben wir uns für die letzten Tage auf."

Ich sagte: „Ich mache mir Sorgen um meine Frau." Beinahe hätte ich gesagt: „Sie haben meine Frau als Geisel behalten, bis ich meinen Auftrag erfüllt habe." Warum bemerkte er selbst nichts, fragte ich mich. Das Museum eignete sich hervorragend. Vor einem Bild oder einer Statue, wenn niemand in der Nähe war, würde ich mit meinem Revolver auf seine Stirn zielen und anschließend blitzschnell in den Besuchermassen untertauchen.

Warum merkte er nichts? Warum machte ihn die weibliche Intelligenz von Iran Khanom nicht darauf aufmerksam? Als Iran Khanom meinen Anzug an die Garderobe hängte, entdeckte sie den Revolver. Sie fragte mich sogar: „Du hast einen Revolver dabei?"

Ich wünschte mir, daß sie es selbst herausfinden und mich vor die Tür setzen würden. Ich wünschte mir, daß sie auf mich spucken würden. Ich wünschte mir, die Kinder würden nicht in die Schule gehen, zumindest nicht Nasi ... Was würde aus Nasi werden? Ich wußte es selbst nicht. Mein Herz war so schwer, so voller Sorge. Es fühlte sich an wie eine eiserne Faust. Eine steinerne Faust. Ich wünschte mir, mein Herz wäre wirklich aus Stein, und ich würde morgen mit dem Revolver ... ungehört im Museum, im Badezimmer, auf der Jagd ... Ich wünschte mir, man würde mich mit den übelsten Schimpfworten bedenken. Mich als undankbaren Halunken zu bezeichnen, wäre noch das Geringste gewesen. Ich wünschte mir, sie würden mich so in Rage bringen, daß ich meinen Revolver zog und den General und mich auf der Stelle tötete. Aber nicht Iran Khanom. Meine Frau rief sie: „Liebe Tante!" Und sie antwortete: „Was ist, meine Liebste?" - „Liebe Tante, wo ist euer Würfelzucker? Wo ist euer Schrankschlüssel?"

Zu Hause konnte ich es nicht tun. Im hintersten Winkel des Museums konnte ich es nicht tun. Ich betrachtete die Ausstellungsstücke des Museums, aber ich nahm nichts wahr. Wo war Sumer? Wo war Chaldäa? Was war mit den Assyrern geschehen? Wer war Nebukadnezar? All diese Fragen hatten nicht das Geringste mit mir zu tun. Selbst als der General sagte: „Die Geschichte ist geduldig, irgendwann bringt sie alles an den Tag", verstand ich nicht, was er damit meinte. Eines Abends lud er mich ins Kino ein. In der Tasche meines Anzugs war der Revolver bereit. Ich hätte meine Ehre opfern und ihn in der Dunkelheit, als er in die bewegten Bilder vertieft war, mit dem Revolver von der Seite erledigen können. Aber ich vermochte es nicht. Er selbst hatte meine Krawatte gebunden, als wir gehen wollten. Sein Lächeln spiegelte sich sogar in seinen großen schwarzen Augen. Es lag auch auf seinen Lippen. Als ich Ingrid Bergmann arabisch sprechen hörte, mußte ich lachen. Er fragte, warum ich lache, und ich antwortete, die Synchronisation im Iran sei anscheinend weiter als im Irak.

... in diesen Nächten konnte ich kaum schlafen. Und wenn ich einmal einschlief, hatte ich Alpträume mit schrecklichen Szenen. Eines Abends träumte ich, ich könne den Weg zum Palast des Generals nicht finden. Ich suchte und suchte und lief über Berg und Tal. Ich kam vom Hügel herunter und rannte durch die Ebene über Stock und Stein. Ich fragte die arabischen Passanten: „Ist hier der Nuri-al-Said-Palast?", und sie antworteten immer wieder: „Nein."

In der Nacht darauf träumte ich, ich hätte den General ermordet und wäre der erste, der über seinen blutigen Leichnam gebeugt herzzerreißend schluchzte. Mein Weinen weckte den General auf. Er kam im Schlafanzug in mein Zimmer und knipste das Licht an. Ich erwachte. Der General setzte sich neben mich auf die Bettkante und sagte: „Du hast im Schlaf geweint. Was ist los mit dir?" Was hatte ich wirklich? Ich wünschte mir, ich hätte an jenem Abend mein Geheimnis preisgegeben, ihn umarmt und mich richtig ausgeweint. Er sagte: „Schlaf, mein Kind!" Aber ich war nun hellwach, und die Worte „mein Kind" versetzten meinem Herzen einen Stich. Die furchterregende Stimme, die mir den Auftrag erteilt hatte, hallte noch immer in meinen Ohren: „Deine Frau, dein Bruder, deine Schwägerin und ihre Kinder sind fest in unseren Händen. Wehe ihnen, wenn du den Auftrag nicht ausführst!"

Wer konnte einen so wehrlosen Mann, der im Schlafanzug in deinem Zimmer auftaucht und „mein Kind" zu dir sagt, töten? Obgleich dir die Gerüchte über ihn aus den Ohren quellen. Die Gerüchte ..., daß er die Kaserne in ein Folterzentrum umgewandelt habe, daß er zu den gefangenen Frauen und Mädchen Bären in die Zellen gesperrt, daß er die Offiziere der Tudeh-Partei niedergemetzelt habe, daß er die Anhänger der Fedayin-Islam brutal exekutieren ließ ... Wie viele dieser Gerüchte hatten sich in mein Gedächtnis eingegraben!

... nun wollten wir jagen gehen. Beim Anblick meines Jagdgewehrs bemerkte er: „Das ist ein ganz neues Gewehr. Der Schah kauft wohl immer noch für Petrodollar Waffen und lagert sie." Dann fragte er mich: „Wie bist du zu diesem Gewehr gekommen?" Er zog das Magazin heraus und sagte: „Es ist ja leer. Sie haben dir ein Gewehr ohne Patronen angedreht." Meine Hand lag auf dem Revolver in meiner Tasche. Sie zitterte. Jetzt?

Als wir in den Jeep einsteigen wollten, sagte er: „Meine Patronen passen nicht in dein Gewehr, deines ist sehr modern."

Er rief den Hausdiener und trug ihm auf, ein Jagdgewehr für mich zu holen. Dann fragte er: „Weißt du, wie es funktioniert?" Ich wußte es. „Schau mal, wie viele Patronen es hat." Es waren fünf. Warum legte er es so darauf an, selbst seinen Kopf in die Schlinge zu stecken? Hatte ihn irgend etwas betrübt? Das Leben in der Fremde vielleicht? Waren seine Wünsche unerfüllt geblieben? Oder tat er das alles wirklich in völliger Ahnungslosigkeit?

Wir brachen auf. Wir fuhren fast ausgestorbene Straßen entlang. Zuerst saß er am Steuer, später fuhr ich. Von der Seite sah er aus wie die Achämeniden-Soldaten in Persepolis. Seine Nase unterschied sich kaum von deren Nasen. Wenn er in den Rückspiegel schaute, konnte ich ihm den Revolver an die Schläfe setzen und ihn bedrohen. Oder ich konnte, wenn wir anhielten, um in einem Gasthaus Rast zu machen, von hinten mit seinem eigenen Gewehr auf ihn zielen. Bei dem Gedanken, auf ihn anzulegen, erschauderte ich, und der Schweiß lief mir in Strömen über den Rücken. Er sagte: „Major, zieh deine Jacke aus." Ich atmete erleichtert auf, als ich meine Jacke ablegen konnte. Ich war stolz darauf, trotz zweier verschiedener Waffentypen kein Mörder zu sein. Ich fragte ihn: „Gibt es hier Wildtauben zu jagen?"

„Nein."

Ich sagte zu mir, du bist schöner als jede Wildtaube für mich, wenn du so grazil einherschreitest. Wie kann ich dich, während du dich auf dein Jagdobjekt konzentrierst, oder auch von Angesicht zu Angesicht töten? Aber der Gedanke an meine Familie ließ mich nicht weiter über Tauben und seinen Gang sinnieren. Wenn mein Kind sich in ihrem Bauch regte, sagte meine Frau: „Leg deine Hand hierher, schau, wie es in meinem Bauch strampelt."

Wir liefen am Rande eines Sumpfes entlang. Der General schoß zwei Enten. Ich zielte auch auf eine Ente. Der General stand nur wenige Meter entfernt von dem Tier. Man hätte einfach mit dem Gewehr auf ihn zielen können und ... Ich traf die Ente. Mein

Hemd war schweißnaß. Ich zog es aus. Wir liefen durch einen Palmenhain. Wie die Datteln den Bäumen hingen, ließen sie im Munde jedes Arabers das Wasser zusammenlaufen. Zwei Araber mit Turbanen aus Palästinensertüchern liefen an uns vorbei. Sie zogen mit einem Stock Dattelrispen herunter und pflückten die Früchte ab. Sie hielten uns an, grüßten uns, und wir verzehrten ein paar Datteln. Sie waren auf meiner Zunge bitterer als ein tödliches Gift. Als wir weiter durch den Palmenhain schritten, sagte der General: „Du hast dich so verändert. Freust du dich etwa nicht über unser Wiedersehen?"

Ich brachte mit Mühe ein Lächeln zustande, dann sagte ich: „Natürlich bin ich froh. So froh, daß ich es nicht beschreiben kann." Meine Anspannung hatte sich ins Unerträgliche gesteigert. In dem Palmenhain war weit und breit niemand zu sehen. Der General lief vor mir her, und ich folgte ihm mit dem Jagdgewehr in der Hand. Er schaute durch das Fernglas, das um seinen Hals hing. In meinem Kopf hallte die Stimme: „Worauf wartest du? Mach Schluß!"

Wir befanden uns nun in der Nähe der iranischen Grenze. Ein Reh, das vielleicht auch im Irak Asyl suchte, kam unbekümmert auf uns zu. Wir schossen beide gleichzeitig auf das Tier, und ich wußte, daß der Auftrag, den ich auszuführen hatte, niemals mit meinem Charakter vereinbar war.

Wir speisten in einem Gasthaus zu Mittag. Ich hatte mein Hemd und meine Jacke angezogen. Ich hatte mir selbst die Krawatte gebunden. Alles roch nach Heimat. Ich war der Fremdeste aller Fremden auf dieser Welt. Wir tranken Sauermilch. Sie duftete nach Pfefferminze. Mein Herz fühlte sich unbeschwert, doch das gleiche Herz war betrübt, und ich wollte weinen. Ich schob den Teller mit Reis und Kebab zur Seite und sagte: „Sie sind in Gefahr, General! Wissen Sie, warum man mich hierher geschickt hat?"

„Ich weiß es, und ich habe es die ganze Zeit über gewußt. Ich habe an deinen Anstand geglaubt. Du hast gesehen, daß ich dir genügend Gelegenheiten gab. Du hast auch gemerkt, daß du es nicht tun kannst. Unsere Zeit ist die Zeit der Mörder. Aber du gehörst nicht zu der Mörderbande. Mörder haben kein Gewissen. Eine unkontrollierbare Hast bringt sie dazu zu töten, und es kann sein, daß sie niemals Reue für ihre Tat empfinden ... Sie werden von höherer Ebene mit Geld, Macht und Frauen gekauft. Du strebst nicht nach diesen Dingen."

Ich wollte sagen, aber du strebst danach. Doch ich fragte ihn, ob er den Plan für die Verhaftung der Offiziere der Tudeh-Partei ausgearbeitet habe.

Er sagte: „Nein, das waren seine amerikanischen Berater. Solange ich im Iran war, hielten sich achtundfünfzigtausend von ihnen dort auf."

„Aber Sie haben doch Geheimdienstlern des SAVAK Medaillen umgehängt."

„Wenn man dir den Befehl erteilt, daß sie mit Medaillen auszuzeichnen sind, ist dieser Befehl auszuführen. Das zeigt einem, daß man nicht mehr ist als eine Marionette."

Ich zog meinen Revolver aus der Tasche und übergab ihn ihm zum Andenken daran, wie man zur Marionette werden kann. Er untersuchte ihn: „Es muß das neueste Modell sein."

In diesem Gasthaus blieben wir. Der General erzählte, der Besitzer des Gasthauses sei sein Freund. Wenn er sich nach der Heimat sehne, komme er hierher und verbringe ein paar Nächte hier. Er sagte, er werde von hier aus bei meinem Bruder anrufen und ihm die notwendigen Instruktionen erteilen. Er fragte, ob mein Bruder wisse, zu welchem Zweck ich in den Irak geschickt worden sei. Ich antwortete: „Er weiß so in etwa Bescheid. Ich habe ihm gegenüber mein Testament erwähnt."

„Dein Bruder weiß, daß du bislang keine Untaten begangen hast. Wenn du irgend etwas unternommen hättest, hätte er es schon aus dem Fernsehen erfahren."

Wir blieben bis zum letzten Tag in dem Gasthaus. In den letzten Tagen grillten wir sogar das erlegte Reh und ließen es uns schmecken. Wir lachten von Herzen und waren froh. Wir telefonierten ein paarmal mit Nasi und Iran Khanom in Bagdad und scherzten mit ihnen.

Ein paar Abende später teilte der Besitzer des Gasthauses uns mit, das Auto sei bereit. Ein Wagen aus dem Iran sei unterwegs.

Während wir auf das Auto warteten, sagte ich zum General: „Ich konnte es nicht tun. Vielleicht werden sie einen anderen schicken, der es kann. Verlassen Sie den Irak so schnell wie möglich. Sagen Sie auch mir nicht, wohin Sie gehen." Ich fragte ihn, ob er wirklich vorhabe, zu putschen, obwohl der Kerl heute auf der Höhe seiner Macht angelangt sei. Er beantwortete meine Frage nicht.

„Wenn Sie wirklich einen Putsch planen, sagen Sie es mir nicht. Lassen Sie mich an der Grenze zum Iran aussteigen."

„Aber dein Koffer? Das moderne Jagdgewehr?"

Sie waren mir nicht wichtig. Wichtig waren nur mein Tagebuch und mein Paß, beides hatte ich bei mir.

Sie legten ein Fladenbrot auf die Ablage vor der Heckscheibe. Ich kniete mich auf den Boden des Auto, und sie verbargen mich unter einer Decke. Der General sagte: „Wenn du deine Frau mitgebracht hättest, hätte ich euch von hier aus fortgeschickt. Aber die Hurensöhne haben anscheinend an alles gedacht." Er befahl dem Fahrer, nicht in Richtung Grenzübergang zu fahren, sondern einen Umweg zu machen.

In Ghassre Shirin saßen mein Bruder und meine Frau, eingehüllt in einen schwarzen Tschador und mit einer dunklen Sonnenbrille auf der Nase, auf dem Rücksitz eines Autos. Neben dem Fahrer saß ein junger Mann. Als ich einstieg, küßte ich vor Freude sogar den Fahrer und den Jungen. Beide Autos blendeten dreimal hintereinander die Scheinwerfer auf. Dann fuhr das Auto, das mich hergebracht hatte, zurück. Ich war außer mir vor Freude. Es war mir gleichgültig, wie dies alles ausgehen würde. Mein Bruder reichte dem Jungen eine Tüte voller Geldscheine und sagte: „Das sind fünfzigtausend Toman." Ich gab ihm mein Tagebuch. Er steckte mir auch ein Päckchen in die Tasche.

***

Als mich die Sorgen nicht mehr losließen, geriet meine Seele in völligen Aufruhr. Als mein Bruder und seine Frau fortgegangen waren, warf ich mich auf die nackte Erde und betete. Als ich damit begann, in seinem Tagebuch zu lesen, überkam mich eine große Traurigkeit. Wie lange hatte er mit sich gerungen!

Ich verfiel von Tag zu Tag mehr. Wenn ich mich im Spiegel ansah, schüttelte ich den Kopf und sagte: „Du Mathematiklehrer, du, begreife, daß sich der Kosmos innerhalb der Regeln der Geometrie bewegt, das Leben der Menschen aber nicht. Weder entsprechend der Euklidschen Geometrie, noch in elliptischen Umlaufbahnen. Das Leben der Menschen ist wie die Natur jedes Menschen. Die Variationsbreite menschlicher Strukturen ist so groß wie die Zahl der Menschen selbst."

Ich hatte kein Gefühl mehr in den Zehen meines rechtes Fußes. Meine Frau wollte mich dazu bewegen, zum Arzt zu gehen. Aber ich war froh und betrachtete es als Zeichen dafür, daß das Leben meines Bruder gerettet war. Wo befand er sich nun? Kletterte er in den Bergen herum? In meinem Anzug, in dem er sich bestimmt nicht wohlfühlte? Mal mußte er bestimmt davonlaufen, mal sich verstecken, mal seine Frau tragen. Mal hungrig und mal durstig. Mal vor Hitze erschöpft, mal vor Kälte zitternd. Der junge Mann hatte gesagt: „Ich lasse sie von Ghadessieh aus so weit wie möglich mit dem Auto fahren. Dann ist noch ein Fußmarsch nötig. Es kann sein, daß wir zwei bis drei Tage brauchen werden."

Ich hatte ihn gefragt: „Wohin willst du sie führen?"

„In die Türkei oder den Irak, vielleicht irgend woanders hin. Es ist nicht meine erste Reise."

Ich machte mir Gedanken, wenn sie in der Türkei ankamen, würden die türkischen Behörden sie nicht verhaften und meinen Bruder in Handschellen an die iranischen Behörden ausliefern? Was würde dann aus seiner schwangeren Frau werden? Mein

Bruder hatte gesagt, der General habe angeordnet, daß für ihn und seine Frau gefälschte Pässe besorgt würden, und er habe ihm erklärt, wie man Asyl beantragt.

Gott sei Dank... Das Telefon schrillte. Er war es. Mein geliebter Bruder! Er sagte: „Es war sehr schwer, aber wir hatten Glück. Wir sind jetzt in Spanien." Und er bedankte sich für die Dollars.

Ich hielt mein Versprechen. Niemand kann Gott hinters Licht führen. Ob meine Gedanken so viel Kraft hatten, meinen Körper zu lähmen, wie ich es mir selbst gewünscht hatte? All die Sorgen hatten dazu geführt, daß ich an Gürtelrose erkrankte. Die Krankheit breitete sich aus und erfaßte mein Rückenmark. Ich litt unter Jucken und Schmerzen. Ständig rief ich bei meinem Bruder an. Sie haben ihre Tochter Iran genannt.

Was brächte es mir, wenn ich ihm sagte, daß ich nun gelähmt bin und im Rollstuhl sitze. Was nutzte es mir, wenn ich ihm sagte, daß ich die letzten Monate meines Lebens im Krankenhaus verbracht habe? Daß sich mein Leben auf einige Pyjamas, einen Rollstuhl und dazu ein paar Fläschchen Medizin und ein paar Tuben Salbe reduziert hat? Meine Frau brachte den Brief und die Fotos von meinem Bruder und seiner Familie mit. Er hat nun einen Decknamen, und seine Adresse ist ein Postfach. Ich beantwortete seine Briefe, aber ich schrieb ihm nie, daß ich im Krankenhaus liege. Was nutzte es mir zu sagen, daß mich eines Tages der Meister besuchte und fragte: „Bist du bereit?" Dann kam meine Frau und sagte: „Deine Augen glänzen so merkwürdig." Und ich sagte: „Es ist jetzt an der Zeit." Ich war ein Mann, morbider als die ältesten Sprichwörter.

Aus dem Persischen von M.H. Allafi

Khatereh Hedjasi

❧❧❧

Der Mörder und der Künstler

I.

Fünf Tage waren seit der Verkündung seines Todesurteils vergangen, und seit achtundvierzig Stunden ignorierten ihn die Gefängniswärter völlig, so, wie man einen Hund ignoriert. Hakel stellte sich einige Male den Ablauf der Vollstreckung vor, so wie der Richter ihn mit einer Art Begeisterung beschrieben hatte, er verstand aber trotzdem nicht, warum man ihm kein Essen gab. Man hatte ihm gesagt, er würde am frühen Morgen des zehnten Tages erhängt, von Verhungern war nie die Rede gewesen.

Der erste Tag verging, es wurde Nacht, und der zweite Tag brach an. Kein Anzeichen von Essen. Hakel war äußerst verärgert. Er nahm die Schüssel, schlug damit an das Gitter seiner Zelle und lärmte laut. Niemand antwortete ihm. Das Gefängnis lag in tiefer Stille. Es herrschte eine solche Stille, daß er glaubte, er habe einen Traum, in dem er im Gefängnis saß.

Von all dem Lärmen wurde er müde. Er zerriß sein Unterhemd und wickelte es sich um den Bauch, damit der nicht weiter knurrte. Um sich aus der Langeweile zu retten und in der Hoffnung, einen Menschen zu sehen, schob er seine Pritsche unter das einzige Fenster der Zelle, das sich dicht unter der Decke in der Wand befand. Er streckte sich, um wenigstens eine Ecke des Freigeländes erspähen zu können. Aber er sah trotz großer Mühe nichts weiter als eine weite Wüste und mehrere Galgen. Er bekam eine Gänsehaut. Als er gerade im Begriff war, herunterzusteigen, sah er, wie Soldaten einige Gefangene mit gefesselten Händen auf das Exekutionsfeld führten.

Er schaute so lange hin, bis die Männer an die Pfeiler gebunden waren. Als die Soldaten niederknieten, mußte er den Blick abwenden.

Er sprang herunter. Da hörte er, wie einer der Männer rief: „Nieder mit dem Hunger ... es lebe die Freiheit!" Und andere Parolen, die er nicht verstand. Er wußte nicht, was Diktatur heißt, aber den Hunger kannte er sehr wohl.

Als die Erschießungen vorüber waren und auch das letzte Geschrei erstickt war, schien es ihm, als kehre alles wieder in seinen alten Zustand zurück: Der Korridor vor seiner Zelle war erfüllt mit den alten Geräuschen. Er stand auf und schrie: „Nieder mit dem Hunger ...!" Noch ehe die letzte Silbe ausgesprochen war, stürmten Soldaten in seine Zelle und prügelten auf ihn ein, bis er das Bewußtsein verlor, dann nahmen sie ihn mit in die Abteilung für politische Gefangene.

Daß er dorthin gebracht worden war, empfand er jetzt als großes Glück. Nun war er frei und konnte gehen, wohin er wollte. Niemand hatte ihn an die Menschen verraten, die die Gefängnisse stürmten, um die Gefangenen zu befreien. Vielleicht wußte niemand über ihn Bescheid. Auf jeden Fall war er nun frei. Aber dieser Hunger ... der ging ihm an die Substanz.

Er wußte, er sollte sich nicht dort sehen lassen, wo man ihn wiedererkennen konnte. Doch die Wahrscheinlichkeit, daß er bei dem Chaos, das nach dem Volksaufstand in Norya herrschte, überall erkannt würde, war groß. Die Noryaner waren mehr oder minder gebildete Menschen und liebten es, die Nachrichten auf den Steintafeln zu lesen. Hakel hatte es ja mit seinen zahlreichen Delikten an jungen Männern geschafft, die Leute dazu zu bringen, sich stundenlang mit den Berichten zu beschäftigen, die von seinen Ruhmestaten erzählten.

Hakel ging lächelnd weiter, stolz auf seine Taten und mit Schmerzen im Bauch. Er war im Begriff, sich innerlich auf eine weitere schwierige Nacht einzustellen, als der angenehme Geruch von weißen Rüben ihn berauschte. Allem konnte er widerstehen, nur weißen Rüben nicht. Er näherte sich vorsichtig dem Verkäufer. Weiße Rüben waren sein Kennzeichen: Eine Leiche mit einer weißen Rübe im Mund - und jeder wußte sofort, wer der Mörder war.

Stehlen konnte er absolut nicht. Außerdem ist es nicht jedermanns Sache, gekochte, heiße weiße Rüben ohne geeigneten Behälter flink zu stehlen. Und das mitten in einem belebten Basar. Hakel trat direkt zu dem Verkäufer und setzte ihm sein Messer an den Hals. Der Verkäufer, der ein Anhänger der Aufständischen war und seine weißen Rüben mehr liebte als sein Leben, täuschte vor, zu tun, was man von ihm verlangte. Als sich jedoch die Gelegenheit bot, schlug er ihn mit einem revolutionären Schlag nieder und begann zu schreien und um Hilfe zu rufen. Den Geruch von weißen Rüben noch in der Nase, verschwand Hakel wieder hinter dem Gefängnistor. Und schon wieder dieser Hunger. Er war verärgert, und sein ganzer Körper verlangte nach weißen Rüben.

Er wollte wieder zur Schüssel greifen, da bemerkte er, daß jemand darauf saß. Er war so wütend, daß er diesen Kerl, trotz seiner Schwäche, hätte umbringen können.

Der Neue sah aber so schlecht aus - er war blaß, und seine Augen waren trübe -, daß Hakel Mitleid mit ihm hatte. Er ging schnell von ihm weg zur Tür, ließ sich zu Boden fallen und fing vor lauter Verzweiflung und Trübsal an zu schluchzen.

Eine Stunde lang heulte er und schlug sich, aber sein Mitgefangener rührte sich nicht. Er saß immer noch auf der Schüssel und kümmerte sich nicht um Hakel.

Es war gegen Mittag, als ein Wärter die Zellentür aufsperrte, zwei Näpfe mit Essen hereinschob und verschwand. Hakel schnappte sich einen ohne zu zögern.

Nachdem er seinen Napf ausgeleckt hatte, blickte er rasch zu dem Mann, der immer noch entgeistert auf der Schüssel saß, zog dessen Napf zu sich heran und verschlang gierig auch dieses Essen. Der Mann rührte sich noch immer nicht vom Fleck.

Hakel ließ sich auf die Pritsche fallen, und während er spürte, wie das Blut in seine Ohren strömte, begann er über den Mann - er hieß Djakel - nachzudenken. Mit seinen Gedanken kam er aber nicht weiter, weil man die Tür öffnete und sie beide zur Verhandlung aufrief: „Der Mörder ... und der Künstler!"

Das Gericht war für die vielen Zuschauer zu klein, so daß der Richter anordnete, die Verhandlung von Hakel und Djakel nach draußen auf die Stufen des Amphitheaters zu verlegen.

Hakel war erstaunt und glaubte, all diese Menschen seien da, um seine Verhandlung zu beobachten. Als er die vielen Menschen „Es lebe der große Djakel!" rufen hörte, fühlte er sich erleichtert; es war das erste Mal, daß er nicht die Aufmerksamkeit auf sich zog. Dann wieder erinnerte er sich daran, wie Djakel auf der Schüssel gesessen hatte, und er verstand nicht, warum die Menschenmenge ihm so zujubelte. Wer ist dieser Kerl, daß die Leute sich trauen, ihn so zu feiern, obwohl der Aufstand und dessen Führer gesiegt haben? Hakel wurde nachdenklich.

II.

Hakel verteidigte sich überhaupt nicht. Er wußte ja, daß er schuldig war und daß ihm, der seinen eigenen Galgen schon immer mit sich herumgetragen hatte, die Todesstrafe gebührte. Aber Djakel ... der wurde ohnmächtig.

Hakel wußte nicht recht, was das bedeutete, ein Künstler, der sich an das ehemalige Regime verkauft hatte. Er wußte nur - seit er erfahren hatte, wer Djakel überhaupt war -, daß ihm seine überall verbreiteten Skulpturen, die die Fremden in ihr Land lockten, gefielen. Die Werke Djakels wurden nicht nur in Norya, sondern auch in anderen Ländern geschätzt. Man sagte: „Die Schönheit seiner Skulpturen kommt daher, daß er junge Sklaven eingipste." Die Anklage warf ihm vor, er habe als Bildhauer der Reichen nur für Reiche Skulpturen angefertigt; Skulpturen, die die

Vorstellungen von Hofangehörigen verkörperten. Auch habe er seine Schüler dazu gezwungen, auf seinem Weg weiter zu schreiten.

Man hörte eine Flüsterstimme - man konnte meinen, wie eine Wolke über der Menschenmenge: „Heute ist ein heiliger Feiertag ... an solch einem Tag gilt es, Vergebung zu üben. Ein heiliger Tag und Todesurteile? Was ist das für eine Regierung, die unsere religiösen Gefühle nicht respektiert?"

Der letzte Satz erschütterte den Richter. Er wollte auf keinen Fall, daß die Leute der neuen Regierung gegenüber skeptisch würden. Auf der anderen Seite hatte er sich alles anders vorgenommen: „Zwei heute ... drei morgen und übermorgen einen ...!" Könnte er so weitermachen, wäre er schneller mit der Verurteiltenliste fertig und könnte sich eher dem Kabinett anschließen. Jetzt bliebe einer übrig, wenn er nicht alle beide hinrichten ließ. Dieser verdammte Hakel, der alle seine Pläne durcheinanderbrachte!

Der Richter faßte einen Entschluß und sprach: „Da die Grundlage des Staates auf dem Mitbestimmungsrecht des Volkes basiert und da im Interesse der Bewegung nicht einen einzigen Augenblick gezögert werden darf, verzichte ich, liebe Landsleute, Ihnen zu Ehren auf das Todesurteil des Mörders Hakel als einen religionskonformen Akt an einem religiösen Feiertag. Aber Djakel ... Djakel muß als Gegenleistung für seine Freiheit eine Skulptur für das Volksjustizgebäude anfertigen!"

Eine Frau aus der Menschenmenge rief: „Nein! Nein!"

Der Richter geriet in Verlegenheit und sagte: „Gut, soll er zwei Skulpturen machen."

Die Frau, sie hielt trotz des Sonnenscheins eine Laterne in der Hand, löste sich aus der Menge und sprach auf dem Weg zur Treppe: „Nein! Hakel und Djakel müssen beide hingerichtet werden. Zu Ehren dieses Feiertags muß unser Land von jeglicher Bösartigkeit gereinigt werden."

Einige riefen: „Nein ... der Richter muß es wissen! Sein Urteil ist besser ... sie soll den Mund halten! Was wollen Frauen überhaupt hier?!"

Die Frau war ruhig und beherrscht, sie schenkte dem Stein, der ihre Schulter traf, keine Beachtung. Sie zog die Flamme der Laterne höher, schritt weiter nach vorn und sagte bestimmt: „Alle beide!"

Der Richter bedachte die Frau mit einem spöttischen Lächeln, dann wandte er sich zu den Leuten und forderte sie mit erhobener Hand zum Schweigen auf: „Wer nach dieser Frau mit Steinen wirft oder sie quält, wird bestraft! Wir hören euch alle an, wenn ihr etwas sagen wollt. Begehen Sie keine Gewalttaten! Wir müssen miteinander reden und mit Vernunft und Argumentation vorgehen. Ihr könnt sicher sein, der erste, der einen Stein wirft, liefert auch den Grundstein für die Gefängnisse."

Die Zuschauer schwiegen, und der Richter, zufrieden und stolz, gab der Frau ein Zeichen weiterzureden. Ohne ihn zu beachten, fuhr sie fort: „Wenn man die Wahrheit wissen will: Diese beiden Männer müssen hingerichtet werden, denn beide sind Verbrecher und Mörder. Ich sehe keinen Unterschied zwischen ihnen. Aber sollte man trotzdem einen von beiden wählen, dann würde ich Djakel zum Tode verurteilen."

Der Richter ereiferte sich: „Welche Gründe hast du denn für so ein Urteil? Hakel hat zweiundzwanzig Menschenleben auf dem Gewissen!"

„Ich will beweisen, daß dieser Mann, den Sie als großen Künstler bezeichnen, krimineller ist als der, der Mörder genannt wird."

Ein blonder blauäugiger Mann warf einen Stein nach der Frau, der sie nicht ganz verfehlte. Obwohl sie ihm auszuweichen versuchte, verletzte er sie an der Stirn. Trotzdem ließ sie die Laterne nicht sinken, sie wandte sich zu dem Richter und sagte: „Ich will die Zeit des Gerichts nicht lange in Anspruch nehmen und mich kurz fassen. Herr Richter, sagen Sie mir, was Kunst ist!"

Der Richter schrie: „Bevor Sie beginnen, müssen Sie folgendes über den Angeklagten wissen: Wäre er nicht gewesen, wären wir noch Sklaven der Gar'as, und unser geliebtes Vaterland würde nicht Norya genannt. Dieser Mann, Djakel, hat verhindert, daß der Kaiser der Gar'as einen Krieg gegen uns führte und Norya eroberte, indem er seinen Garten mit Skulpturen schmückte. Es gibt keinen unter uns, der über die Macht und den Reichtum des Gar'as´schen Kaiserreiches nicht Bescheid weiß. Und wir ... Was sind wir? Freilich sind wir mutige Menschen, aber ..."

Die Frau unterbrach ihn: „Wir wissen alle, daß die vielen Geschenke, die dem Kaiser gemacht wurden, die Ursache für die lange Hungersnot waren, unter der wir litten."

Der Richter fiel ihr ins Wort: „Das ist wahr."

„Wir wissen allerdings auch, daß etliche Delegationen unserer besten Politiker für die Friedensgespräche zum Kaiserlichen Palast entsandt wurden und unverrichteter Dinge zurückkehrten. Und ebenso erinnern wir uns an den feigen Mord an unserem letzten Gesandten ... und dann schlug dieser Mann hier vor, er solle die Erlaubnis bekommen, Verhandlungen mit dem Kaiser zu führen. Dafür aber verlangte er die Lizenz für alle Kunstakademien in ganz Norya und die Besitzrechte an allen Zeitschriften ... und schließlich hatte er ja auch Erfolg und versöhnte ihn mit uns."

Ein Lächeln der Zufriedenheit erhellte die Miene des Richters. Die Zuschauer regten sich. Einer rief aus der Menge: „Es lebe die Rednerin!" Und ihm folgte dann der „Kollektivverstand": „Es lebe die Rednerin!"

Die Frau hob sowohl die Hand, die die Laterne hielt, als auch ihre freie Hand, um die Masse zu beruhigen. Nach ein paar Sekunden, als alles wieder ruhig war, fuhr sie mit fester Stimme fort: „Eine der Besonderheiten der Kunst erkennt man daran, daß Djakel etwas vollbrachte, wozu unsere Politiker nicht in der Lage waren. Ist es nicht so?"

Der Richter sagte: „Ja, das ist wahr."

„So bestehen also Unterschiede zwischen den Funktionsmechanismen der Kunst und den 'normalen' Funktionsmechanismen?"

Der Richter stöhnte laut auf und sagte: „Das ist doch ganz klar. Aber worauf wollen Sie hinaus?"

„Wäre es nicht besser gewesen, Djakel von vornherein in die Friedensverhandlungen zu schicken?"

„Ja, das wäre besser gewesen. In der Tat ..."

„Wäre es die beste Lösung gewesen?"

„Ja."

„Und genau aus diesem Grunde verurteile ich ihn. Djakel, hören Sie genau zu, was ich sage: Djakel hat die Hirne unserer besten Männer und Frauen mit seinen schwarzen, giftigen Gedanken geimpft. Das konnte er tun, weil er das Monopol auf die Kunst, das heißt, das beste Kommunikationsmittel und das beste Instrument für die Übertragung von Gefühlen auf andere, sowie alle Kunstakademien und Medien in Norya, hatte. Eben solche Gedanken, die im Jahre 627 zum kollektiven Selbstmord der Kunststudenten der Narhet-Akademie führten. Ist es nur ein Verbrechen, wenn man jemandem einen Dolch ins Herz stößt? Wie würden Sie denn urteilen über jemanden, der für das städtische Wasserreservoir zuständig ist und dieses vergiftet? ... Im Hinblick auf die sich in seinen Akten befindlichen Beweise hat dieser Mann, das heißt Djakel, im Vergleich zu Hakel mehr Morde und Verbrechen auf dem Gewissen. Er ist verantwortlich für die Studentenselbstmorde und für die Niederschlagung der Aufstände in den Jahren 623 und 625 mit Hilfe von zahlreichen Artikeln in den damaligen Zeitschriften. Und dieser Mann, Hakel, ist der Mörder von zweiundzwanzig Menschen ..."

Die Frau sprach nun zu der Menschenmenge: „Ist nun die Entscheidung dieses Richters gerecht? Haben wir den Aufstand geleistet, um jetzt die Gerechtigkeit fahren zu lassen, nur weil dem Justizpalast eine Skulptur geschenkt werden soll? Wenn wir nicht jetzt und hier die Bedeutung der Gerechtigkeit und Kunst begreifen, wird sich unser Land von Tag zu Tag weiter zurückentwickeln, und der Tag wird kommen, an dem unsere Frauen im Dienste des Imperators stehen und unsere Männer seine Sklaven sind ... Zögert ihr, euer Kind zum Arzt zu bringen, wenn ihm der Tod droht? ... Wenn der Mensch seinen Feind erkennt, kann er ihn besser überwältigen, aber wenn er ihn nicht erkennt, ist er seinem feigen Angriff ausgesetzt. Wir dürfen uns nicht nur auf das verlassen, was wir sehen. Kunst oder Antikunst sind immaterielle, unsichtbare Aspekte der Kultur. Nun, wenn wir nur mit unseren Augen sähen, würden wir Opfer der Ungerechtigkeit und vergifteter Kunst werden, die unsere unsichtbaren Feinde sind."

Die Frau stieg nach Beendigung ihrer Rede die Stufen hinunter und schritt ruhig und nachdenklich durch die Menge. Sie war noch nicht viele Schritte entfernt, als die Masse dahin strömte, wo der Richter und die Mörder saßen.

Die Frau wandte sich um und betrachtete die Szene, sie lächelte zum ersten Mal in ihrem Leben, hob die Laterne und drehte die Flamme herunter.

Aus dem Persischen von Khosrow Sabetghadam

Farkhondeh Aghai

☙❧

Wolga

„**G**lücklich ist, wer sein eigenes Dach über dem Kopf hat", pflegte Mahtabs Großmutter zu sagen. Mahtab und sie schliefen im selben Zimmer, und Mahtab schlug jeden Morgen bei dem gleichen Satz die Augen auf. Die Großmutter saß immer auf dem kleinen Kissen und massierte mit beiden Händen ihre Beine. Beide waren es gewohnt, daß Mahtab an dieser Stelle fragte: „Warum, Großmutter? Wollen sie uns denn nicht mehr sehen?", und daß die Großmutter über ihre Schmerzen in den Beinen klagte und darüber, daß sie die ganze Nacht zum Fenster hingeschaut und gebetet habe, es möge schneller Tag werden.

Man hatte die Großmutter und andere Großgrundbesitzer während der Agrarreform enteignet, und so war sie gezwungen, zu ihrem Sohn zu ziehen und mit ihm und seiner Familie zu leben. Mahtab und sie teilten sich ein Zimmer, und bis zu ihrem Tod hatte sie das Gefühl, Gast zu sein, und sie gab die Hoffnung nicht auf, bald heimkehren zu können.

Nachmittags gingen sie zusammen zu Wolgas Großmutter - zu Madame - , dort tranken sie türkischen Kaffee und ließen sich von ihr wahrsagen. Mahtabs Großmutter setzte sich immer auf einen Stuhl und wippte mit ihren kurzen Beinen, die nicht bis zum Boden reichten, ihr Blick ruhte auf Madames Lippen in der Erwartung, daß sie sagen möge, wann sie endlich auf ihr Gut zurückkehren könne.

Mahtab und Wolga spielten im Hof Seilspringen, oder sie spielten mit ihrem Puppengeschirr im Zimmer und sprachen leise miteinander. Eine spielte den Gast und die andere den Gastgeber. Wolga war ein molliges Mädchen mit hellem Teint, Grübchen auf den Wangen und glattem Haar, ihr langes Pony fiel ihr stets ins Gesicht.

Madame hatte einmal erzählt, Wolgas Mutter habe einen Moslem geheiratet und diesen Ort für immer verlassen. Die Nachbarn aber redeten, was sie wollten: Über Wolgas Mutter und ihre außergewöhnliche Schönheit, über die Flucht mit einem Moslem und darüber, daß Wolgas Vater immer noch auf der Suche nach Wolgas Mutter von Stadt zu Stadt und von Land zu Land ziehe und habe ausrichten lassen, daß er nicht eher zurückkehren werde, bis er sie gefunden habe.

Nach jeder Sitzung bei der Wahrsagerin kehrte die Großmutter beruhigt nach Hause zurück, sie wusch sich drei Mal die Hände, sie spülte den Mund aus und zwang Mahtab, es ihr gleich zu tun. Am späten Nachmittag dann ging sie abermals zu Madame.

Mahtab kannte Wolga aus jenen Tagen. Und nun stand diese Wolga vor ihrer Tür, und Mahtab ließ sie nicht herein. Wolga war von mittlerer Statur, sie hatte hängende Schultern und war etwas dicklich. Sie hatte große, schwarze Augen, eine helle Haut, strahlend weiße Zähne und wie immer einen perlmuttfarbenen Lippenstift aufgetragen. Sie hielt eine kleine Handtasche in der einen und eine Reisetasche in der anderen Hand.

Wir nehmen sie nicht auf; weder wir noch ihre anderen Freunde. Sie stand draußen und wollte um jeden Preis herein. Außer uns hatte sie niemanden, aber wir hatten sie alle satt. Zuvor war sie bei meinem Vater gewesen. Er rief uns an und fragte meinen Mann: „Was soll man Ihrer Meinung nach mit Mahtabs verrückter Freundin machen? Sie sagt dauernd: 'Meine Großmutter und ich waren eure Nachbarn'. Gut, wir hatten viele Nachbarn, aber wir haben doch keine Verpflichtung. Sie stört ständig."

Mein Mann hatte ihm geantwortet, sie sollten sie zu uns schicken. Dann murrte er: „Wie lange will uns diese Frau noch in Verlegenheit bringen?"

Eine halbe Stunde später war sie bei uns. Wir öffneten ihr aber nicht und drehten die Sicherung heraus, damit uns ihr Läuten nicht störte. Den Telefonstecker hatten wir auch herausgezogen. Alle Verbindungsmöglichkeiten hatten wir gekappt, sie aber stand trotzdem auf der Straßenseite gegenüber, wartend. Vorsichtig zog ich den Vorhang ein wenig zurück und schaute sie an. Sie stand in der Stille da. Einsam. Eine Brise wehte durch ihr Haar. Was für eine ferne Erinnerung. Wo hatte ich sie gesehen? War es in der Nacht oder in einem Moment zwischen Tag und Nacht? Sie war leicht gebeugt, aber doch in guter Verfassung. Aus dieser Entfernung wirkte sie immer noch kräftig und stämmig. Wie konnte sie nur allein so da stehen und ihr alles gleichgültig sein?

Ich war Mahtabs Nachbarin und Freundin. Nach dem Tod meiner Großmutter war ich gezwungen, mein Studium abzubrechen und arbeitete in französischen, amerikanischen und italienischen Privatfirmen als Sekretärin. Ich kleidete mich schick und speiste gut. Es ging mir besser als allen meinen Altersgenossen. Ich zog aus dem Elternhaus aus und wohnte in einem Hotel, ich arbeitete und verdiente meinen Lebensunterhalt. Dann ging ich nach England und heiratete dort Reza, der Philosophie studierte. Ramin, mein Sohn, wurde dort geboren. Als wir nach Iran zurückkehrten, hatte sich alles bereits verändert. Lange Zeit fanden wir beide keine Arbeit, und später wurde Reza von der Welt der Magie angezogen. Er übte sich im Unsichtbar werden, siedete schwarze Katzen und entbeinte sie, um hinter die Geheimnisse der Zauberer zu kommen. Er betrachtete mich als Ursache für sein gescheitertes Leben. Eigentlich hat er mich aus seiner Wohnung hinausgeworfen, was alle mit mir taten.

Sie stand noch immer dort, auf der anderen Straßenseite, und wartete, ohne zu uns zu schauen. Eine Stunde später drehten wir die Sicherung wieder hinein. Sie tauchte wieder auf. Sie läutete, und wir sagten ihr, daß wir sie nicht hereinlassen könnten. Und dann, als mein Mann im Treppenhaus fluchte und jammerte, flehte sie mich mit sanfter Stimme an: „Ich gehe in den Park an der Straße. Bring mir etwas zu essen, wenn du kannst."

Was sollte ich sagen? Ich war den Tränen nahe. Sie bemerkte es und sagte: „Laß mich nur heute abend herein. Es gibt keinen Ort, wohin ich gehen kann."

Sie nutzte schon wieder mein Schweigen aus. Ich erwiderte: „Ich kann nicht. Du kennst ihn doch."

Ihn hatte ich nur zum Vorwand genommen. Ich selbst wollte auch nicht, daß sie hereinkam. Es ging ja nicht nur um ein oder zwei Tage. Bevor Wolga etwas sagen oder tun konnte, schloß mein Mann die Tür.

Wie oft ist gesagt worden, daß der Sonnenuntergang traurig ist? Diese Traurigkeit hat mit einer Grenze zu tun, um die er liegt, die Grenze, die er passieren muß. Die Grenze zwischen Tag und Nacht. Der Tag ist vorbei, und die Nacht wartet. Manchmal sitzen Menschen an dieser Grenze. Ich sah sie von hinten, wie sie dort saß. Sie saß an der Grenze, auf ihrer scharfen Kante. Zwischen Tag und Nacht. Einsam und fremd. Wie der Sonnenuntergang, wie das Gefühl des Fremdseins beim Sonnenuntergang.

Ich hatte etwas Essen und eine Tüte Obst mitgebracht und setzte mich neben sie. Wir unterhielten uns und aßen Eis. Kein Wort darüber, daß ich sie nicht aufgenommen hatte. Als ob sie es gewohnt wäre. Sie starrte einen Jungen an, der Fahrrad fuhr.

Seit drei Jahren habe ich meinen Sohn nicht mehr gesehen; ich wollte es selbst so. Ich konnte ihm keine richtige Mutter sein. Bei seinem Vater ist er besser aufgehoben. Seit sechs Jahren ist meine Geldbörse immer leer, und ich borge mal von diesem, mal von jenem – ich, die für ihren Sohn immer nur das Beste kaufen wollte. Es kommt mir vor, als verfolgten mich Gestalten, die meinen Freunden erzählen, sie sollten mich nicht aufnehmen. Wo ich auch angestellt werde, schauen sie mir so auf die Finger, daß ich nicht weiterarbeiten kann. Sie benehmen sich so, als sei ich verrückt. Vor lauter Hunger und weil ich kein Dach über dem Kopf habe, bin ich manchmal verwirrt. Selbst das Maschineschreiben vergesse ich dann und verwechsle die Tasten. Von meinem achtzehnten Lebensjahr an habe ich gearbeitet, und jetzt kündigen sie mir bereits nach einer Woche oder einem Monat. Keine Pension nimmt mich auf. Sie sagen: „Alleinstehende Frauen nehmen wir nicht. Sie müßten schon Studentin sein."

Für Hotels und Gaststätten benötige ich einen Zettel vom Nachtasyl. Die drei Jahre in der Türkei habe ich genauso verbracht. Kein Land gab mir ein Visum. Alles, was ich versuchte, scheiterte. Als Spülerin und Straßenverkäuferin habe ich mich durchgeschlagen, aber was nützte das? Mir folgen Geister, die mein Leben zerstören. Ich dachte, alles regelt sich, wenn ich hierher komme; aber es wurde nur noch schlimmer. Ohne Familie, ohne Verwandte und jetzt auch noch ohne Freunde. Ich weiß nicht mehr, bei wie vielen Firmen ich gearbeitet habe, aber ich weiß, wo ich überall übernachtet habe: Bei alten Freunden, bei Nachbarn, in Hotels, in Pensionen und seit kurzem in Parks - eine lange Liste.

Mahtab sagte beschämt: „Was die anderen betrifft, das geht mich nichts an, aber ich habe dich auch im Regen stehen lassen. Obwohl mir im Grunde ja die Hände gebunden waren."

„Ich erwarte nichts von dir", erwiderte Wolga lächelnd, „daß du dich noch mit mir unterhältst, ist mir viel wert. Ich habe immer einsam gelebt, aber es waren wenigstens Freunde da, mit denen ich sprechen konnte. Jetzt antwortet mir niemand mehr. Weißt du, warum ich so oft zu dir komme? Weil du auch jene Tage gesehen hast, in denen ich gearbeitet habe und mir die besten Kleider leisten konnte, als ich die teuersten Parfüms verwendete und in den edelsten Hotels und Pensionen übernachtete. Du hast mein damaliges Leben gesehen."

Vor sechs Jahren, bevor Wolga in die Türkei ging, hatte sie ihre Wohnung aufgelöst. Am letzten Verkaufstag hatte sie Mahtab eingeladen. Wolga hatte alles im Wohnzimmer zusammengestellt und die Preise festgelegt. Porzellan, Kristall, elektrische Geräte, teurer Küchenbedarf, neue Kleider. Sie zeigte Mahtab die Liste. Es waren erst wenige Teile verkauft.

„Damit kann ich nicht mal tausend Dollar für meine Reise aufbringen."

„Warum gehst du mit den Preisen nicht herunter, damit du mehr verkaufen kannst? In deiner Situation benötigst du ja so viele Devisen wie möglich."

„Weißt du, ich bringe es nicht übers Herz. Reza und ich haben jedes Stück in einer Ecke der Welt gekauft. Es hängen Erinnerungen daran. Ich mag sie. Wie kann ich sie jetzt wegschaffen? Sollten sie nicht verkauft werden, bleiben sie für meinen Sohn Ramin, er wird sie dann später benutzen."

In der Nacht vor ihrer Abreise putzte sie die Fenster und wusch die Tür ab. Die Nachbarin fragte sie verwundert im Treppenhaus: „Aber Frau Wolga, Sie haben doch erzählt, daß Sie morgen verreisen. Bestimmt haben Sie es sich anders überlegt, wo Sie doch jetzt putzen?"

Und Wolga erwiderte leicht stotternd: „Nein, Frau Heshmat, ich muß schon um Mitternacht zum Flughafen. Ich wollte nur, daß die Wohnung sauber ist für meinen Sohn."

„Dann nehmen Sie Ramin wohl nicht mit?"

Wolga antwortete beschämt und mit Tränen in den Augen: „Sein Vater erlaubt es nicht. Ich habe sogar seinen Koffer gepackt. Wollen Sie ihn sehen? Aber ich werde bald zurück sein. In einem, spätestens in zwei Monaten. Sobald ich das Visum für England bekommen habe, komme ich zurück und hole meinen Sohn nach."

Drei Jahre hatte ihre Reise gedauert. Schon in der ersten Nacht hatte Reza den Plattenspieler samt der Musiktruhe, die Stereoanlage, die Kassetten, die Platten mit der klassischen Musik und die Fotoalben von Wolga verbrannt. Der Junge hatte dort gestanden und dem Vater zugeschaut, wie er die Sachen in den Hof brachte, sie dort zerhackte und dann verbrannte. Die Nachbarn lugten über die Mauer. Sie wollten sehen, wie es weiterging. Am nächsten Tag kaufte ein Pfandleiher die gesamte Einrichtung auf, und Vater und Sohn verschwanden, ohne sich zu verabschieden, nur mit einer Reisetasche.

Die beiden Frauen saßen im spärlichen Licht der Parklaternen und ließen die Vergangenheit an sich vorüberziehen.

Wolga ist müde, als käme sie von einer Reise zurück. Ihr Gesicht wirkt erschöpft. Vielleicht ist die Kraftlosigkeit ansteckend, und ich habe sie angesteckt. Sie sagt, es gehe ihr gut, sie laufe herum. Aber in ihrem Blick ist etwas Müdes und Trauriges. Als sei es ihr zur Gewohnheit geworden, immer traurig zu sein. Ich verstehe nicht, warum sie darauf besteht, daß es ihr gut, sehr gut, geht.

Mahtab ist ruhig. Als habe sich meine Müdigkeit auf sie übertragen und spiegele sich nun in ihren kühlen Augen wider. Das sieht man an der andauernden Verdrossenheit, die ihre Miene überzogen hat. Müdigkeit und Trübsal. Nur ein Wort, und sie springt auf, sie liegt ständig auf der Lauer, spitzt die Ohren, sie ist voller Energie und stets angriffs- oder verteidigungsbereit. Ich kenne dieses Verhalten gut. Sie beruhigt sich dann aber schnell wieder, und die Aufregung verfliegt. Und dann ist ihr Gesicht wieder voller Verdrossenheit und Trübsal. Sie sitzt neben mir und hört mir zu. Wenn ich nur bei ihr leben dürfte!

Es war kein Vollmond, aber es war so, als sei die Nacht wach. Man konnte am Firmament, das schwärzer war als die Nacht, Wolkenstreifen erkennen. Die Frauen schwiegen. Der Wind strich sanft durch ihr Haar.
Mahtab fragte: „Was machst du heute nacht?"

„Das Wetter ist gut; ich bleibe im Park."

„Hast du keine Angst?"

„Nein. Bis Mitternacht sind Leute da. Sollte jemand etwas fragen, sage ich, ich bin herzkrank und brauche frische Luft. Die letzten zwei Nächte habe ich auch im Saii-Park verbracht. So lange das Wetter gut ist, kann ich in den Parks übernachten."

Mahtab küßte sie, steckte ihr etwas Geld zu und ging.

Die erste Nacht, die ich im Park verbrachte, war fürchterlich. Ich habe mich in der hintersten Ecke des Parks zwischen den Bäumen versteckt. Bauarbeiter hatten auf der anderen Seite des Parks ein Feuer angezündet und sangen. Ich bekam Angst. Ich dachte mir, es wäre besser, wenn ich mich in der Nähe des Parkwächterhäuschens aufhielte. Ich setzte mich auf die Bank und stellte meine Tasche neben meine Füße. Der Himmel war voller Sterne. Ein paar Streifenwagen kamen vorbei, sie fuhren um mich herum, aber niemand sagte etwas. Sie sahen meine Tasche und wußten alles. Dort habe ich vieles begriffen. Vorher hatte ich Angst. Aber dort erlangte ich eine Gleichgültigkeit. Ich fühlte Gott bei mir. Ich war nicht mehr allein und hatte keine Angst mehr vor der Einsamkeit. Ich sah meine Vergangenheit vor meinen Augen in allen Einzelheiten. Ich empfand keinen Haß. Ich war wie betrunken, gleichgültig und euphorisch. Die kühle Luft, die mein Gesicht streichelte, machte mich noch euphorischer. Daß ich anfangs Angst gehabt hatte, kam mir nun lächerlich vor. Der Wärter fragte mich: „Sind Sie Reisende?"

Ich erwiderte: „Nein. Ich habe Herzbeschwerden und soll mich an der freien Luft aufhalten."

„Ich dachte, Sie seien Reisende", sagte er, bevor er wegging.

Ich legte die Tasche unter meinen Kopf und schlief auf der Bank. Am nächsten Morgen ging ich zum Café im Park. Derselbe Wärter war dort: „War die Nacht kalt?"

„Nein."

„Hierher kommen Frauen, die zu Hause Krach haben, oder Reisende, die nirgends einen Platz zum Übernachten haben."

Ich sagte nichts. Noch eine Nacht schlief ich dort. Am Tag darauf wollte ich zum Baden zu Mahtabs Vater gehen, sie ließen mich aber nicht herein. So ging ich zu Mahtab. Sie ließ mich ebenfalls nicht herein. Die Nacht sollte ich im Park in der Nähe von Mahtabs Wohnung verbringen. Etwa eine Stunde nach Mitternacht hat mich eine Streife kontrolliert und aufs Revier mitgenommen.

In derselben Nacht, gegen zwei Uhr, rief man uns einige Male von der Polizeistation aus an und fragte, ob wir eine Frau namens Wolga kennen. Mein Mann sagte: „Nein. Belästigen Sie uns bitte nicht mehr", und fing dann an zu fluchen. Ich nahm ihm den Hörer ab und sagte zu dem Polizisten: „Ja, wir kennen sie. Sie ist eine anständige Frau, aber wir können sie nicht aufnehmen." Der Polizist fragte mit kurdischem Dialekt: „Warum ärgert sich Ihr Mann denn? Was Sie gesagt haben, genügt uns. Wenn Sie einverstanden sind, geben Sie uns Ihre Adresse, damit wir sie zu Ihnen bringen können."

Ich sagte: „Mein Mann ist damit nicht einverstanden. Wir haben keinen Platz. Unser Apartment ist nur 60 Quadratmeter groß, und wir haben zwei Kinder. Wo sollen wir sie denn unterbringen? Außerdem, es geht hier nicht um einen oder zwei Tage."

Der Polizist erwiderte: „Das ist doch keine Freundschaft. Ihre Freundin hat nichts verbrochen. Warum nehmen Sie sie nicht auf? Bei wem wir auch für sie anrufen, keiner will sie kennen. Es ist eine schlimme Zeit."

Ich sprach mit Wolga. Sie sagte, sie habe keine andere Wahl; sie werde zu uns kommen.

„Du weißt doch selbst, daß mein Mann nicht damit einverstanden ist. Außerdem haben wir keinen Platz."

Sie flehte: „Wenn ich nicht bei euch aufgenommen werde, weisen sie mich in die Obdachlosenhilfe West ein."

„Laß mich mit dem Polizisten sprechen."

Ich fragte den Polizisten, und er sagte: „So ist es nicht. Sie bleibt hier bis morgen früh."

Sie wollte uns wieder reinlegen und um jeden Preis zu uns kommen. Sie rief ein paar Minuten später noch einmal an. Ich nahm den Hörer ab.

„Ich habe niemanden. Ich komme zu euch. Nur diese eine Nacht."

Ich sagte: „Liebe Wolga, du weißt selbst ganz genau, daß es nicht nur um eine Nacht geht."

Sie beruhigte sich und sagte: „Du hast recht, meine Liebe. Ich wollte sowieso die Nacht im Park verbringen, es hat aber nicht geklappt. Also bleibe ich bis morgen früh hier."

Sie wurde schließlich doch in die Obdachlosenhilfe West eingewiesen; Abteilung für soziale Probleme. Eine junge Frau nahm sie auf und suchte nach Vorgeschichten. Als sie sich vergewissert hatte, daß es keine Vorgeschichte gab, fragte sie: „Alter?"

„Fünfunddreißig"

„Adresse?"

„Habe keine."

„Telefonnummer?"

„Keine."

„Dann müssen wir Sie eventuell zur Frauenverwahranstalt schicken."

Die Nacht verbrachte sie dort. Zum Abendessen gab es Reis und Gulasch. Man konnte so viel essen, wie man wollte. Am Morgen brachte man sie wieder in dasselbe Zimmer, und dieselbe junge Frau, die versuchte, ernst und grob zu sein, sagte: „Wenn du nicht damit aufhörst, bleibst du für immer da."

„Womit? Ich habe doch gar nichts getan."

Die junge Frau ging hinaus, sprach mit jemandem und kam wieder zurück: „Wenn du uns versprichst und dich verpflichtest, es nicht wieder zu tun, kannst du gehen."

„Wo soll ich denn hin? Ich bleibe da."

Die junge Frau ging wieder aus dem Zimmer, besprach sich abermals mit jemandem und kam zurück: „Wir haben hier keinen Platz für nächtliche Landstreicher. Wir dürfen nur Prostituierte, Diebe und Vorbestrafte aufnehmen, für sie eine Akte anlegen und sie in die Frauenverwahranstalt einweisen."

Als ich aus der Obdachlosenhilfe West herauskam, konnte ich ja nirgendwo hingehen. Ich war schon wieder auf der Straße. Zu Fuß klapperte ich alle Firmen ab, bei denen ich einmal gearbeitet hatte. Nur die Firma von Albert, für den ich eine kurze Zeit gearbeitet hatte, war geöffnet. Ich war sehr müde und hatte Fieber. Albert führte mich in das Lager der Firma und richtete mir in einer Ecke einen provisorischen Schlafplatz ein. Er sagte mir, er werde meinen Sohn finden. Ich weiß nicht, wie er die Adresse von Reza und Ramin ausfindig gemacht hat. Ein paar Tage später brachte er mich zu ihnen. Reza öffnete mir. Sein Gesicht hatte sich sehr verändert. Er war dünn, blaß und weißhaarig geworden. Ich sagte, ich wolle Ramin sehen und, wenn möglich, ihn über das Neujahrsfest zu mir nehmen. Und er antwortete: „Was soll das überhaupt sein, Neujahrsfest?"

Ich sagte nichts. Ich wollte nicht diskutieren. Keine Ähnlichkeit mehr mit dem Mann, den ich vor Jahren in England geheiratet hatte und mit dem, der der Vater meines Sohnes war. Er sagte: „Ich glaube, es geht ihm besser, wenn er dich nicht sieht."

„Das Kind gehört dir. Ich möchte es nur sehen."

„Er schläft."

Er hätte ihn wecken können, aber er tat es nicht. Am nächsten Tag kam ich wieder, um Ramin zu sehen. Als ich ihn sah, brach ich zusammen. Mein Kind lebte in einem Loch. In einem Keller in der Südstadt, dem Armenviertel Teherans, mit zerfetzten Kleidern am Leib und ungepflegtem Aussehen. Hätte ich ihn bloß nicht gesehen!

Lange Zeit hatte ich nichts von Wolga gehört. Sie rief weder an, noch kam sie vorbei. Dann rief sie auf einmal an und gab mir die Adresse einer Firma. Ich solle sie besuchen. Zum ersten Mal nach all den Jahren sah ich sie ungeschminkt. Ihre kalten Augen gefielen mir nicht. Sie küßte mich. Ihre Küsse waren mir zuwider. Sie hatte mir erzählt, sie sei krank, aber sie hatte immer noch ihre Grübchen. Der Raum war gefüllt mit alten Akten, ein paar alten Nähmaschinen und einigen aus dem Ausland importierten, verstaubten Kartons. Mitten im Lager hatte sie ein Stück zerschlissenen Teppichboden ausgelegt mit ein paar alten Kissen und einer vergilbten Decke zum Schlafen. Der Raum hatte kein Fenster, man betrat ihn durch eine Tür am Ende des Korridors. Der Firmenbesitzer, Herr Albert, war ein alter, großer und schlanker Armenier. Er kam und stellte sich vor. Er hatte sich von seiner französischen Frau scheiden lassen und lebte jetzt allein in der Firma. Wolga zeigte mir einige Konservendosen mit Bohnen und erzählte, sie esse seit Wochen nichts anderes. Ihre Heiserkeit und ihr Stottern hatten sich verschlimmert und machten ihr das Sprechen schwer. Trotzdem redete sie gern.

Seit ich in Alberts Firma bin, habe ich nicht mal Geld zum Baden. Wo immer ich zu arbeiten anfange, werfen sie mich wieder hinaus. Einmal hat er mich wie eine Gefangene mit dem Taxi zu der Firma seines Freundes Hamid geschickt. Ich hatte nur 20 Toman. Hamid wohnt, wie Albert auch, in seiner Firma. Zuerst war er freundlich zu mir. Ich konnte dort baden. Er gab mir eines seiner Hemden zum Anziehen. Ich schämte mich, aber was sollte ich tun? Er gab mir Geld, damit ich Fleisch und Pilze kaufen und etwas kochen konnte. Als er aß, sagte er, ich könne nicht gut kochen. Er beanstandete alles an mir. Er sagte, ich sei ein Taugenichts. Er machte sich lustig über mich und nannte mich ironisch Püppchen, er brachte junge Frauen mit in die Firma, und wenn sie weg waren, erzählte er mir, daß sie die Töchter hoher Militärs seien und darum bettelten, mit ihm befreundet sein zu dürfen. Ich wollte fliehen. Ich antwortete ihm nicht, wollte nicht mit ihm sprechen. Eine junge Sekretärin kochte und spülte für ihn. Zu dem jungen Mädchen sagte ich: „Bist du Köchin oder Sekretärin? Als ich in deinem Alter war, habe ich bei den besten Firmen gearbeitet, in den besten Restaurants gegessen und die besten Kleider getragen."

Ich sagte es aus Neid. Sie weinte, und Herr Hamid warf mich daraufhin hinaus. Ich war schon wieder obdachlos. Herr Ali, der Hausmeister, nahm mich mit in sein Zimmer und machte mir Tee.

Am selben Abend kam Frau Wolga zu mir in mein Zimmer. Sie weinte nicht, aber ihr Gesicht war rot. Ich fragte sie, was mit ihr sei. Sie sagte, sie wisse es nicht. Ich machte Tee und gab ihr etwas zu essen, und sie erzählte mir ihr Schicksal. Ich sagte zu ihr: „Hier kann ich dich nicht aufnehmen. Fahren wir zusammen mit meinem Mofa nach Afssariyeh. Dort habe ich zwei Zimmer, ich lebe dort mit meiner Frau und unseren vier Kindern. Wir teilen uns die Zimmer. Du kriegst auch eine Ecke und kannst bei uns bleiben." Zuerst war sie still, als wäre sie damit einverstanden. Aber dann, am selben Abend, ging sie fort. Später fand ich einen Job für sie. Sie arbeitete aber nicht willig, und ihr wurde gekündigt.

Am Abend ging ich zu Fuß zu Alberts Firma. Als er mich sah, sagte er: „Schäm dich! Hamid hat dich auch gefeuert!" Ich wünschte, ich könnte sagen: Ich bin selbst weggerannt. Weil ich mich vor meinem Sohn nicht schämen will. Ich war ihm keine gute Mutter, aber wir werden eines Tages schließlich zusammenleben, und ich werde ihm die besten Sachen kaufen. Ich sagte aber nichts. Ich sagte nur, daß ich einen Job suchte.

Sein Stottern hatte sich verschlimmert. Aufgeregt redete er ununterbrochen, egal, ob ich zuhörte oder nicht. Er redete pausenlos in dem warmen feuchten Loch, und ich hörte nur zu, und schließlich flüchtete ich.

Ein paar Tage später nahm mich Herr Ali wieder auf seinem Mofa zu einer Firma mit, bei der ich angestellt werden sollte. Am selben Abend setzte Albert mich vor die Tür. Schon wieder obdachlos. Die ganze Nacht trieb ich mich in den Straßen herum, bis es hell wurde, dann ging ich zur Arbeit. Auch sie haben mich rausgeschmissen. An diesem Tag ging es mir sehr schlecht. Ist dir so etwas schon mal vorgekommen? Manchmal, während der Arbeit, schauen dich die anderen seltsam an, und du hast das Gefühl, daß du dich im Kreis drehst. Du ziehst die Servietten, die du bei der letzten Imbißbude mitgenommen hast, aus deiner Tasche, legst sie auf den Tisch und kramst dann alles andere aus deiner Tasche hervor. Du faltest die Servietten zusammen. Mit dem Rest weißt du nicht, was du anfangen sollst. Du leerst deine Schublade auf den Tisch aus und wunderst dich, was das alles ist und was du damit sollst.

Du bekommst einen Anruf von jemandem, dem du die Nachricht hinterlassen hast - ohne zu wissen warum - er möge dich schnellstens zurückrufen. In deinem Kalender hast du eingetragen: Arzttermin, du weißt aber nicht, welcher Arzt und wo. Du weißt nur die Uhrzeit. Du schaust in das Ärzteverzeichnis: Frauenärzte, Zahnärzte, Allgemeinärzte, Laborärzte. Welchen brauchtest du? Dann fällt dir ein, du bräuchtest auch einen Termin beim Frauenarzt, wegen der Vorsorgeuntersuchung, die alle sechs Monate fällig ist, die aber seit über drei Jahren ausgelassen wurde. Auf dem Tisch liegen Bücher, die du zurückgeben mußt. Computerbücher. Heutzutage haben ja alle Firmen Computer, und du mußt Computerbücher ausleihen und lesen, aber du weißt nicht mehr, welches Buch du von wem ausgeliehen hast. Der Tisch ist bedeckt mit dem Inhalt der Schubladen, der Taschen, mit Ordnern und Büchern.

Die Leute schauen dich verwundert an und verleihen ihren Gefühlen mit einem Lächeln in den Augen oder durch Falten auf der Stirn Ausdruck. „Suchen Sie etwas, Frau Wolga?" Du stellst alles rasch wieder an seinen Platz. Du willst ja Ordnung schaffen, aber du ziehst es vor, erst alles zu verstecken. Jetzt ist dein Tisch leer.

Du schaust dich im Spiegel an und machst dich zurecht. Alles ist in Ordnung, aber die Leute schauen dich trotzdem komisch an. Es ist etwas passiert, und sie haben es erfahren, ehe du es erfahren hast. Sie versetzen dich mit ihren Blicken in den Zustand, den sie wollen. Oder sie geben einander Zeichen, ein unpassendes Lächeln, oder indem sie dich anstarren, oder dadurch, daß alle Augen auf dir ruhen, wenn du deinen Kopf hebst. Die letzten drei Nächte hast du nicht geschlafen, bist nur durch die Straßen gelaufen. Seit zwei Wochen hast du dich nicht gewaschen. Dir scheint, als ob alle das wüßten und dich von oben herab ansähen. Du mußt dich schnell zusammenreißen. Du hast keine Ruhe. Du holst wieder alles aus deiner Tasche heraus und leerst deine Schubladen auf den Tisch. Du mußt alles noch einmal durchsehen. Alles ist schon da, bloß ein wenig durcheinander, es muß nur etwas ordentlicher gestellt werden. Diesmal stehen die Leute direkt neben dir und schauen dich an, und du kümmerst dich nicht darum, was sie denken. Mit geschlossenem Mund schreien sie: „Du bist ein Schwachkopf!" Wie weit liegen Vernunft und Verrücktheit eigentlich auseinander? Bestimmt nicht sehr weit. Gar nicht weit. Manchmal trennt sie nur eine haarfeine Grenze. Und wie wirksam helfen dir die anderen, damit du diese Grenze schneller passierst? Den Zettel des Nachtasyls hast du verloren. Die Nacht mußt du wieder im Park verbringen. Gleichgültig und euphorisch. Deine anfängliche Angst kommt dir nun lächerlich vor. Du machst dir überhaupt keine Sorgen mehr. Weder unterwegs zur Polizeistation, noch auf dem Weg zur Obdachlosenhilfe West. Du hast ja nun dort eine Vorgeschichte, und somit ist alles in Ordnung.

Aus dem Persischen von Khosrow Sabetghadam

Mahshid Amir-Shahi

◈

Die Last

Ein Stehaufmännchen war aus ihr geworden. Ganz gleich, von welcher Seite man sie anstieß, wenn sie umfiel, richtete sie sich wieder auf und schaukelte hin und her, bis sie wieder zum Stehen kam. Doch auch im Stand war sie so unsicher wie ein Stehaufmännchen. Und nachts konnte sie nicht richtig schlafen. „Nicht auf dem Rücken liegen", hatte man ihr gesagt. Doch wenn sie auf der Seite lag, wurde die bald taub, und sie wußte nicht, wohin mit ihren Händen. Auch das Umdrehen im Bett kostete Mühe. Jedesmal mußte sie sich erst aufrichten, sich hinsetzen und sich dann unter Schmerzen langsam auf die andere Seite legen. Sie sehnte sich danach, auf dem Bauch zu schlafen. Doch mit einem so dicken Bauch war diese Vorstellung vollkommen abwegig. Wie ein Tintenlöscher käme sie sich vor, wie ein Brett, das auf einer Tonne balanciert.

Hin und wieder erstaunte sie die Belastbarkeit ihres Körpers. „Wie weit soll sich die Haut eines Menschen überhaupt dehnen?" Wenn man ihr dann sagte: „Die Schwangerschaft ist etwas ganz Natürliches", verlor sie jedesmal die Fassung vor Wut. Es war überhaupt nicht natürlich, daß ihr Bauch so anschwoll, daß sie plötzlich Brechreiz bekam, ihre Brüste schlaff und schwer wurden und etwas in ihrem Bauch sich ständig bewegte. Vielleicht war das gar der unnatürlichste Zustand der Welt.

Noch überglücklich über den ersten Tritt des Kindes, den sie gespürt hatte, war sie mittlerweile auch daran gewöhnt, und während der letzten Monate, in denen das Kind sich unaufhörlich rührte, war ihr Bauch hart geworden und tat ihr weh.

Sie begann, sich selbst zu bemitleiden. Sie bildete sich ein, die gesamte Menschheit habe sich gegen sie verschworen, um sie zu quälen oder zumindest beschlossen, ihre Schmerzen nicht zur Kenntnis zu nehmen. Sie fühlte sich einsam. Bis zur Entbindung blieben nur noch wenige Wochen, doch sie konnte sich kaum mehr vorstellen, daß dieses Abenteuer je ein Ende haben würde. Taillierte Kleider tragen, sich mühelos im Bett wälzen, leichtfüßig über Straßengräben springen, unbeschwert gehen, die Beine übereinanderschlagen. Völlig abwegige Wünsche, so schien es ihr. Düstere, unheilvolle Gedanken gingen ihr durch den Kopf, und nachts hatte sie meist wirre Träume, Alpträume, die sie beunruhigten.

Einmal ging sie im Traum durch eine Straße. An der einen Seite reckten sich Häuser in den Himmel, an der anderen erstreckte sich eine Wüste, weit und breit kein Wasser, kein Grashalm. Gemäuer und Straße und die unendliche Einöde lagen in dichtem Nebel verborgen. Es war totenstill. Nichts regte sich.

Plötzlich schoß aus dem Nebel ein großes Auto auf sie zu. Der Fahrer kam ihr bekannt vor, doch sie konnte sich nicht erinnern, wer er war. Offenbar wollte er sie überfahren. Sie lief davon, doch der Wagen blieb ihr auf den Fersen. Als sich eine Tür öffnete und sie in einem Hausflur Schutz suchen wollte, versperrte ihr ein Bettler den Weg, in Lumpen gehüllt, mit dunkler Brille und weißem Gehstock. Es gab kein Vor und kein Zurück.

Sie wurde wach und hörte noch das harte Klick-Klick des Blindenstocks auf ihrem Fußboden. Den ganzen Tag über versuchte sie verzweifelt, sich den Namen des Fahrers in Erinnerung zu rufen. Sein Gesicht kannte sie. „Wer war er? Was hatte er gegen mich?"

Einige Nächte später saß sie im Traum in einem Boot, zusammen mit dem Mann, den sie liebte. Der See war still, und sie hatten sich vom Ufer entfernt. Plötzlich wurde es dunkel, das Ufer verschwand, der See, aufgewühlt, wurde mit einem Schlag ruhig und trüb. Zwei kräftige Pranken zogen sie ins faulige Wasser. Je heftiger sie sich wehrte, desto mehr Schlamm wühlte sie auf. Ein

Gewitter riß sie aus dem Schlaf. Wasser und Donner gingen ihr nicht aus dem Kopf.

Auch in der folgenden Nacht hatte sie einen Alptraum. Ihr Kind war auf die Welt gekommen, doch sie hatte es verloren in einem leblosen Dschungel, der still war wie der Tod und furchterregend. Die knotigen Äste der Bäume hatten sich zu einem Dach ineinander verschlungen, durch das kein Sonnenstrahl zu ihr drang. Die Luft war schwer vom feuchten Dampf, der von den fauligen Blättern am Boden aufstieg. Sie hörte ihr Kind wimmern und folgte seiner Stimme, doch die entfernte sich von ihr. Sie lief und war doch wie angewurzelt. Dunkle Dschungelaugen schienen jede ihrer Regungen zu verfolgen, die Bäume streckten ihre rauhen Hände nach ihr aus. Kaum hatte sie das Blätterdach hinter sich gelassen, stürzte ein Baumstamm um und schnitt ihr den Weg ab.

Sie schreckte hoch, Gesicht und Haare tränenüberströmt, und weinte weiter. Von nun an hatte sie Angst schlafen zu gehen und blieb in der nächsten Nacht wach. Sie setzte sich auf den Stuhl vor dem Spiegel und versenkte den Blick in ihr Gesicht. Ihre Augenhöhlen waren mit der Zeit dunkler und tiefer geworden. Die roten Äderchen in ihren Pupillen hatten sich geweitet. Linien und Falten, Höhen und Tiefen erschienen ausgeprägter. Mit jeder Sekunde zeichnete ihre Müdigkeit andere Bilder in den Spiegel. Sie war erschöpft, und die Bewegung ihrer Arme und Beine verursachte in ihrem schwerfälligen Körper, der seit Stunden in derselben Position verharrte, ein Gefühl der Taubheit.

Mühsam stand sie auf, ging ans Fenster, öffnete den Vorhang einen Spalt weit und sah auf die Straße. Es war noch dunkel. Sie blieb so lange am Fenster stehen, bis die blasse Morgenröte vom Himmel Besitz ergriffen hatte und die Straßen asphaltgrau färbte. Sie zog die Vorhänge zurück. Als sie zum Stuhl vor dem Spiegel zurückkehrte, hatte sie das Gefühl, von Kopf bis Fuß aus zwei schwachen, schweren Beinen zu bestehen.

Sie hatte jedes Augenmaß verloren. Was sie ansah, zerfloß vor ihren Augen. Ihr Gesicht, verschwommen und aufgewühlt, zeichnete ein strenges, ihr unbekanntes Spiegelbild, unscharf wie im nicht fokussierten Sucher einer Kamera.

Im frühen Tageslicht hatte ihr Zimmer andere Formen angenommen. Das unberührte Bett erschien kleiner als sonst, die Decke höher, die Wände dichter zusammengerückt. Das riesige Maul, das sich nachts in der Ecke gähnend auftat, war zum Kleiderschrank geschrumpft. Der lange, schöne Schatten der Blumenvase verschwand unter der schweren Vase selbst und unter den samtschwarz erscheinenden Blütenblättern der roten Petunien, die sich in den dunklen Falten des Vorhangs verloren. Das Gesicht, das sie die ganze Nacht über nicht aus den Augen gelassen hatte, war der feuchte Fleck, den vergangene Regenfälle hinterlassen hatten. Und das gelbe Licht der kleinen Lampe am Bett erschien schmutzig im grauen Tagesanbruch.

Ihre Müdigkeit war so stark, daß sie sie nicht mehr empfand. Erschöpft verbrachte sie den Tag. Abends fiel sie wie tot ins Bett und schlief ein. Am nächsten Morgen ging es ihr besser. Seit die Alpträume begonnen hatten, hatte sie zum ersten Mal wieder sechs Stunden geschlafen, ununterbrochen, ohne Fieberträume.

Sorgfältig zog sie sich an, machte sich zurecht und beschloß, einen Morgenspaziergang zu machen. Das Wetter war schön. Auch der schneidende Wind, der ihr in den letzten Tagen so lästig gewesen war, hatte sich gelegt.

Das angenehme Wetter und die morgendliche Ruhe in den Straßen erweckten sie zu neuem Leben. Sie fühlte sich erleichtert und von ihren quälenden Gedanken befreit. Eine knappe Stunde war sie nun schon unterwegs, als plötzlich die Frau auftauchte. Zunächst nahm sie die Gestalt kaum wahr, doch als die Frau näher kam, suchte sie unwillkürlich Halt am Pfosten der Bushaltestelle. Die Frau kam heran und gesellte sich zu ihr.

Über ihren Rücken und die rechte Schulter zog sich ein wuchtiger Buckel, sie ging auf zwei Krücken gestützt, zwischen denen ihr Körper pendelte. Ein rotes Augenlid lag wie eine tiefe Narbe, ein großer Blutfleck, an ihren kurzen, buschigen Brauen und trieb die beiden dunklen ungleichen Augen weit auseinander. Das eine starrte leblos nach links, das andere blickte voller Zorn nach rechts. Spitze schwarze Zähne hatten sich in ihrer Unterlippe festgebissen.

All ihre Alpträume wurden in dieser Frau wieder lebendig. Sie war der Fahrer, der blinde Bettler, die Hand, die sie aus dem Boot gezerrt hatte. Sie verkörperte die Stille und den Schrecken des Dschungels, war der Baumstamm, der sie von ihrem Kind getrennt hatte, die Fratze, die sie nachts im Dunkeln von der Zimmerdecke aus anstierte.

Das Kind in ihrem Bauch wurde unruhig. „Wenn das Baby sich bewegt, schau was Schönes an", hatten sie ihr gesagt, „damit dein Kind auch schön wird." Doch sie konnte ihren Blick nicht abwenden. In ihren Augen war die Frau voller Zorn und Haß auf alle Menschen, zu denen auch sie gehörte. Ganz gewiß nahm sie ihr ihre Jugend und Gesundheit übel, besonders jetzt, da sie schwanger war. Sie fürchtete, in einem einzigen unbeobachteten Moment würde die Frau sich auf sie stürzen, sich in ihren Bauch krallen und ihr das Kind aus dem Leib reißen.

Das Baby bewegte sich heftig. „Wenn mein Kind jetzt...? Wird mein Kind...?"

„Ist dir nicht gut, mein Kind?" Die Stimme der Frau war ruhig und freundlich. Sie konnte sie im Geist nicht mit ihrem Gesicht vereinbaren. Entsetzt wich sie zurück, senkte verschämt den Blick und schüttelte abweisend den Kopf. Wie sie nach Hause gekommen war, wußte sie nicht.

„Ich will kein Kind! Ich will kein Kind. Wenn mein Kind jetzt..., was soll ich bloß machen? Was soll ich tun? Was soll ich bloß anfangen?"

Sie spürte, wie etwas in ihrem Bauch abstürzte. Der Schmerz durchzuckte sie von Kopf bis Fuß. Sie schrie.

Leute stürzten in ihr Zimmer „Jetzt ist es bald vorbei, bald bist du die Last los. Bald hast du's geschafft."

„Können wir sie nicht noch ins Krankenhaus fahren?"

„Nein, das Kind ist gleich da, ruft ihren Arzt!"
„Es kommt!"
„Das Kind kommt!"
Sie hörte nichts. Nur die freundliche Stimme der Unbekannten drang an ihr Ohr. An sie gerichtet schrie sie flehend: „Ich will nicht! Ich will kein Kind!"

Aus dem Persischen von Jutta Himmelreich

Mah-Kahmeh Rahimzade

❧❧

Die Pusteblume

Sie öffnete die Tür und trat ein. Der Gummiball rollte vor ihre Füße. Sie ging weiter, stellte das Tablett auf den Fußboden und setzte sich hin.

„Wie geht es dir, mein Pummelchen? Was hast du denn hier gemalt? Ach, ein Auto, was für ein schönes Auto, bravo, mein Sohn, komm nun und iß das Abendbrot, sieh mal, was ich für dich gemacht habe. Nein, Cola ist nicht gut. Ich habe dir Orangensaft gebracht. Du machst Mami traurig, wenn du ihn nicht trinkst. Siehst du nicht, daß Mamis Hände einen Krampf vom vielen Orangen pressen bekommen haben. Iß mein Sohn, damit du groß und stark wirst; ja, damit du wie dein Vater wirst. Gut, steh jetzt auf, wasch dir die Hände und iß dein Abendbrot. Es ist spät geworden; du mußt bald ins Bett. O.k., ich lese dir noch eine Geschichte vor. Du bist ja noch zu klein, du kannst das noch nicht. Wenn du in drei Jahren in die Schule kommst, kannst du bald selber Bücher lesen. Ja, ich weiß, daß du zählen kannst. Dieses Mal werde ich dir das Zählen bis hundert beibringen, gut so? O.k., ich kauf dir auch noch ein Buch, das, was du gern hast."

Die Frau schob das Tablett vor die pummeligen Füße des Kindes. Sie gab ihm Löffel und Gabel in die Hand und schaute ihm aufmerksam beim Essen zu. Dann nahm sie ihn mit ins Badezimmer, wusch ihm Gesicht und Hände mit Seife, zog ihm einen Schlafanzug an und legte ihn aufs weiße Bett. Sie setzte sich neben das Bett und las ihm aus einem Buch vor. Als er eingeschlafen war, gab sie ihm einen langen Kuß auf die Wange, knipste das Licht aus und verließ auf Zehenspitzen das Zimmer.

Ihr Mann saß am Schreibtisch und war vertieft in die Büroabrechnungen.

Die Frau sagte: „Wir müssen morgen Bücher und Spielzeug für ihn kaufen."

Der Mann fuhr sich mit den Fingern durch das dichte schwarze Haar und antwortete: „Wir haben doch neulich erst so viel gekauft. So wird er verwöhnt. Außerdem hast du wohl vergessen, daß ich nur ein einfacher Angestellter und nicht Onassis bin." Er fügte nach kurzem Überlegen hinzu: „O.k., wir gehen morgen."

Die Frau sagte: „Ich werde dir mit meinem Verdienst zur Seite stehen."

Sie nahm auf einem Kissen Platz, strickte 146 Wollpullover und verkaufte sie. Sie zog sich dann Hose und T-Shirt an, steckte zwei Spangen in ihr Haar und ging mit ihrem Ehemann in einen Buchladen. Sie kaufte 9160 Bücher. Sie ging in einen Spielzeugladen und kaufte 56 Autos, Flugzeuge, Hubschrauber und intelligenzfördernde Spiele und trug sie nach Hause.

Sie ging zum Kinderzimmer. Sie öffnete die Tür und trat ein. Eine Papierrakete düste ihr entgegen. Sie trat näher und hockte sich auf den Fußboden.

Sie sagte: „Machst du Hausaufgaben oder vertreibst du dir die Zeit? Was soll das alles? Warum hast du die Seiten aus deinem Heft gerissen? Gib mir dein Diktatheft, mal sehen, was du heute vollbracht hast. Was für eine Note hast du da bekommen? Klar, daß es eine schlechte Note ist. Ist es nicht schade, daß du wegen deiner Unaufmerksamkeit nur eine 2 bekommst? Das muß das letzte Mal sein! Deine Lehrerin sagt: Er ist ein kluger, aber verträumter Junge. Hast du gehört, was ich dir sage? Welche Note hast du in Mathe bekommen? Bravo, das ist gut. Paßt du weiter gut auf? Leg dieses Wrack von einer Uhr zur Seite, deren Gedärme du herausgeholt hast. Ja, wenn er es versprochen hat, kauft er das auch. Warum stampfst du mit den Füßen? Setz dich hin, Menschenskind."

Die Frau verließ das Zimmer. Der Ehemann saß im Wohnzimmer. Er hatte Besuch. Nachdem der Besucher gegangen war, sagte sie: „Du hast ihm versprochen, ein Fahrrad zu kaufen, wenn er Klassenbester wird." Der Mann setzte sich auf die Couch. Er strich sich über die vorderen, lichten Haare und sagte: „Mein Chef hat alle meine Überstunden storniert. Weißt du, warum? Weil ich mich übermäßig in seine Angelegenheiten eingemischt habe. Es ist Ebbe in der Kasse."

Die Frau sagte pikiert: „O.k., ich überlege mir was."

Und sie setzte sich an die Nähmaschine, nähte 346 Hemden, Blusen und Röcke und verkaufte sie alle. Sie zog sich einen dunkelblauen Rock und eine weiße Bluse mit langen Ärmeln an. Sie band ihre Haare mit einem Haarband zu einem Pferdeschwanz. Sie ging in einen Fahrradladen, kaufte ein Fahrrad, das mit grünen Streifen verziert war. Sie kaufte in einem Geschäft für elektronische Geräte einige Kassetten und einen kleinen Kassettenrecorder. Sie ging 160 Mal in die Schule, fragte die Lehrer nach dem Benehmen ihres Sohnes und seinen Schulleistungen und bat um die Meldung seiner kleinsten Fehltritte. Sie ging 76 Mal mit ihm ins Kino, in den Park und in den Tiergarten. Sie ging in die Fleischerei und kaufte dort 66 Mal Lammleber. Sie kaufte beim Gemüsehändler 936 Kilo Karotten, Orangen und süße Limonen. Sie schnitt die Lammleber in kleine Stücke und tat sie in den Kühlschrank. Sie wusch das Obst, preßte es und goß den Saft in diverse Flaschen. Sie legte Kebab auf den Teller und brachte ihn mit einem Glas Karottensaft ins Zimmer ihres Sohnes.

Sie klopfte an die Tür, öffnete sie und ging hinein. Ihr Sohn hatte den Kopf auf seine Hände gestützt und war eingeschlafen. Die Leselampe brannte noch, ihr Licht strahlte die Haare des Jungen dumpf an. Die Frau sammelte vorsichtig die auf dem Fußboden verstreuten Kopien ein. Sie schob die Schreibutensilien zur

Seite, stellte das Tablett und das Glas auf den Tisch. Sie streichelte behutsam das Haar ihres Sohnes und fuhr dann mit der Rückseite ihrer Hand über die in seinem Gesicht sprießenden Härchen.

Sie sagte leise: „Junge, wach auf, nimm deine Medikamente, keine Angst; ich bin es. Warum schläfst du hier? Leg dich ins Bett. Nein, der Wecker hat nicht geklingelt. Ich war auf. Ich fürchtete, daß du verschläfst. Iß doch den Kebab, schlaf nicht mit nüchternem Magen. Kein Spielchen mehr, das sind Dinge, die dich schwächen. Leg diesen Pullover über deine Schultern. Du sitzt halbnackt da und erkältest dich. Trink den Karottensaft aus. Er ist gut für deine Augen. Schlaf, wenn du müde bist. Ich wecke dich in einer Stunde. Ich weiß, daß es eine schwere Prüfung ist. Hab keine Angst. Es wird bestimmt gut. O.k., ich geh schlafen, vorausgesetzt, daß du den Kebab aufißt."

Die Frau verließ das Zimmer. Sie zog ihr Nachthemd an und schlüpfte ins Bett. Der Ehemann murmelte mit geschlossenen Augen: „Hat er die Medikamente genommen?

Die Frau sagte: „Hm."

Der Ehemann sagte: „Du könntest sie ihm mit einem Glas Milch geben."

Die Frau sagte: „Das hab ich getan."

Die Frau zog ihre Beine an den Bauch und schaute so lange durch die Öffnung der Tür zum hellen Zimmerfenster ihres Sohnes, bis der Schlaf sie einholte. Erst am nächsten Morgen wachte sie auf. Sie stand vor dem Spiegel, betrachtete genervt die grauen Haare und die Falten um die Augen und ging in die Küche. Sie kochte 6000 Liter Wasser. Sie zog den Mantel an, warf das Kopftuch über und ging in die Bäckerei. Sie stand Schlange, kaufte 2600 Stück Fladen-, Lawasch- und Taftunbrot und kehrte nach Hause zurück.

Sie ging zum Zimmer ihres Sohnes. Sie klopfte zwei Mal an die Tür, wartete eine Weile und trat dann ein. Er lag im Bett. Sie hob sein Lineal vom Fußboden auf, legte es quer über den Schreibtisch, auf dem der halbfertige Plan eines Hauses lag. Sie ging ans Fenster und zog die Übergardine zur Seite. Es raschelte. Das Sonnenlicht flutete ins Zimmer und erhellte eine Ecke des Bettes. Der Sohn kniff die Augenlider kurz zusammen und öffnete sie wieder.

Die Frau setzte sich auf die Bettkante und sagte: „Guten Morgen, das Frühstück ist fertig. Steh auf, damit es nicht zu spät wird. Wann? Ist es wahr? Gott sei Dank. Dann kriegen wir es in zwei Wochen. Was für eine gute Nachricht. Hat er nicht gesagt, von welcher Universität? Wie gut, ihr könnt zusammen sein. Wenn du bei ihm bist, mache ich mir keine Sorgen. Ja, er hat geschrieben, daß er uns das Ticket schickt. Kein Problem, wenn du später eine Stelle hast, kannst du es zurückzahlen. Ich kann mich auf meinen großen Bruder verlassen. Das Problem ist nur deine Ausreise. Du hast viele Hürden zu nehmen. Ich dachte das auch. Ich werde hingehen und mit ihnen sprechen. Wenn es mit Gottes Willen klappt, reist du Mitte des Sommers ab. Sag das nicht. Ich kann es nicht hören. Ich weiß, daß es nicht alle erwischt. Trotzdem, wenn du davon redest, fühle ich mich schlecht. Nun steh auf und iß dein Frühstück."

Die Frau verließ das Zimmer. Ihr Ehemann frühstückte. Sie sagte: „Ich will nach oben zu den Nachbarn gehen. Möchtest du mitkommen?"

Der Ehemann sagte: „Nicht jetzt, ich werde beim letzten Gespräch dabei sein. Ich gehe zur Arbeit. Früh am Morgen sind bessere Fuhren zu ergattern."

Die Frau warf sich den geblümten Tschador über, ging nach oben und sprach mit ihrem Nachbarn.

Der Nachbar sagte, während er die Spitzen des Schnauzbarts zerkaute: „Ich gebe Ihnen seine Adresse, gehen Sie mit Ihrem Mann dorthin. Sagen Sie, daß ich Ihr Gewährsmann bin. Ich habe gehört, daß er die Preise wieder erhöht hat, weil das Risiko so groß sein soll. Handeln Sie mit ihm, mal sehen, was er sagt."

Am Morgen fuhren sie mit ihrem Auto in den Süden der Stadt. Mit Mühe und Not fanden sie einen Parkplatz. Sie liefen eine Straße geradeaus und bogen in die zweite Straße rechts ab. Sie machten vor einem Haus aus Ziegelsteinen halt. Das Haus sah von außen sehr alt aus. Sie klingelten und nannten einen Namen. Die Tür wurde geöffnet. Sie stiegen die Steintreppen hinauf. Eine braune Tür öffnete sich. An der Tür war das Schild einer Baufirma angebracht. Ein Mann mit schwarzen, runden Augen blickte sie mißtrauisch an. Ungern bat er die beiden, Platz zu nehmen. Als sie ihren Gewährsmann nannten, schwand sein Mißtrauen. Ein häßliches Lächeln brach ihm über die dicken Lippen, und er nannte den Preis. Die Frau und ihr Ehemann schauten einander ihrer Hoffnung beraubt an. Die Frau begann, mit ihm zu feilschen: „Mein Mann ist pensioniert, und unser ganzes Vermögen besteht aus einem Peykan." Sie verlangte eine Reduzierung.

Der Mann verschränkte seine kurzen Finger ineinander und erklärte, daß die verlangte Summe in Anbetracht der Risiken, die sie eingingen, sehr gering sei, und außerdem müßten sie das Geld unter fünf oder sechs Leuten aufteilen. Zum Schluß ging er aber mit dem Preis etwas herunter. Wie versteinert stieg sie die Steintreppen hinab. Sie setzte sich ins Auto und blickte auf die staubigen Scheiben. Nach einer Weile sagte sie: „Was machen wir jetzt?"

Der Ehemann sagte: „Laß es doch. In zwei Jahren kann er in Würde ausreisen. Nicht jedem stößt im Krieg etwas zu."

Die Frau konterte schnell: „Nein, das geht nicht. Sag so etwas nicht. Wir müssen es irgendwie hinkriegen."

Der Mann startete den Motor, legte den ersten Gang ein und sagte: „Wie denn bloß?"

Die Frau sagte: „Wir verkaufen zunächst das Auto."

Der Mann legte den zweiten Gang ein und sagte: „Ich verdiene damit unser täglich Brot."

Die Frau sagte: „Wir haben doch noch deine Rente."

Der Mann sagte: „Die reicht nicht mal für das Brot."

Die Frau sagte: „Ich werde dir mit meinem Verdienst helfen."

Der Mann sagte: „Trotzdem reicht es nicht."

Die Frau sagte: „Du stiehlst dich davon."

Der Mann schwieg.

Zu Hause angekommen, dachte die Frau 160 Stunden lang nach. Sie dachte nach, wenn sie appetitlos aß, wenn sie zwanghaft aufräumte, wenn sie über die Straßen ging und durch das Hupen der Autos zu sich kam, selbst im Traum dachte sie nach. Endlich gelangte sie zu dem Schluß, daß sie die Summe aufbringen könnte, wenn sie das Auto, die beiden Teppiche, die im Flur und im Wohnzimmer lagen, zwei Halsketten, drei Ringe, das Armband und das silberne Geschirr, das sie von der Mutter geschenkt bekommen hatte, verkaufen und dazu noch von zwei „Islamischen Verbraucherbanken" Kredite aufnehmen würde.

Am Abend, als ihr Ehemann nach Hause kam, nahm sie ihm freudig die Jacke ab, gab ihm Zitronenlimonade zu trinken, servierte das Abendbrot, schaute ihm flehend in die Augen und sagte 570 Mal: „Wenn du das Auto verkaufst, schaffe ich es, den Rest der Summe aufzubringen."

Der Mann schaute ihr liebevoll in die Augen, senkte dann den Kopf und antwortete 570 Mal: „Er ist auch mein Sohn. Sein Blut ist aber nicht edler als das der anderen. Das ist mein letztes Wort."

Die Frau ging weinend ins Schlafzimmer. Sie schlich sich ins Bett und rollte sich zusammen. Sie schlief 365 Nächte in Angst und Bange und träumte jede Nacht von ihrem Sohn, der in einer fernen Wüste mitten in Feuer, Rauch und Staub umherrannte, bis er an ein Gitter kam, an dem er rüttelte und es zu überwinden versuchte. Sie saß auf der anderen Seite des Gitters mit offenen Augen im Bett und schrie mit gedämpfter Stimme: „Warte, ich bin gleich da!"

Sie wachte am folgenden Tag auf. Das Haus war voller Verwandter, Freunde und Bekannter. Ihr Mann saß in einem schwarzen Hemd oben im Wohnzimmer. Ein graumelierter Bart bedeckte sein Gesicht. Seine Haare waren ungekämmt, er schlug sich mit der Innenseite der Hand gegen die Stirn und weinte leise.

Die Frau ging aufs Klo, sah sich im Spiegel an, alle ihre Haare waren ergraut. Die Augen schienen einer Fremden zu gehören. Ihre Backenknochen ragten hervor, und die Lippen waren blaß. Sie trug eine schwarze Bluse und Hose. Sie ging würdevoll und ruhig durch die Menschenmenge zum Parkplatz. Der Benzinkanister lag im Kofferraum des Autos. Sie goß das Benzin übers Auto und riß ein Streichholz ein.

Aus dem Persischen von Parviz Sadighi

Fereshte Ssari

❧

Verlorene Zeit

Es war eine merkwürdige Stunde des Tages. Drei Uhr. Seit ihrer Kindheit konnte diese befremdliche Zeit sie zu nichts verlocken. Jeder Abend war wie die Vergangenheit. Und der Nachmittag war das Tor zur Vergangenheit. Der Mittag glich der Zukunft, und der Morgen war der Eingang zur Zukunft, ohne das Tor zur Vergangenheit erreicht zu haben. Sie wußte nicht, was sie mit dieser fließenden Zeit anfangen sollte.

Ein verdächtiger Wind wehte. Sie schloß den obersten Knopf. Der kalte Luftzug strich ihr durch den Ärmel und zog durch ihren Körper. Sie beschleunigte ihre Schritte, um warm zu werden. Die Menschen auf der Straße eilten mit hochgezogenen Schultern und gesenkten Köpfen dahin. Dann wurde die Straße leer. Es war nichts mehr da bis auf die sorgenvolle Erwartung, wer die Bühne betreten würde.

Sie blieb am Rande der leeren Straße stehen. Ein Auto näherte sich. Sie nannte laut ihr Fahrtziel. Ein kurzes Abbremsen und das Quietschen der Reifen auf dem Asphalt. Jedem Wagen, der seine Fahrt verlangsamte oder auch nicht, schrie sie ihr Fahrtziel entgegen.

Sie war überrascht, dieses Wort über ihre Lippen kommen zu hören. Sie hatte das Gefühl, einen sinnlosen Begriff ausgesprochen zu haben. Schließlich winkte sie ohne etwas zu sagen, einem Wagen zu.

Sie ließ sich in den Rücksitz sinken. Die Wärme im Wageninneren ließ etwas von der Anspannung von ihr abfallen. Sie schaute auf die Straße. Sie spürte die Kälte über den herabhängenden Zweigen. Hin und wieder kam es ihr vor, als sei hinter einem der Bäume ein Kopf aufgetaucht, habe sie angestarrt und Grimassen gezogen.

Der Wagen ließ die ihr bekannten Straßen hinter sich und bog in eine Einbahnstraße ein, an deren Seiten Häuser mit mooswachsenen Wänden und zugezogenen Vorhängen standen. Die Stille war förmlich zu sehen und das Alter zu riechen. Sie fragte den Fahrer: „Warum fahren Sie hier entlang?"

Es schien ihr, als wären auf dem Vordersitz nur zwei Hände, die den Wagen lenkten. Das Nichts über den Armen drehte sich zu ihr um, als würde sich jemand mit der Gegenfrage: „Was?", zu ihr wenden. Da bemerkte sie, daß sie selbst auch keine Stimme hatte. Sie schloß einen Moment lang die Augen und sagte zu sich: „Mir ist nur nicht gut. Das ist alles. Ich bin ja gleich da."

Erschrocken wie ein Kind, das in einer belebten Straße die Hand der Mutter losgelassen und das festgestellt hat, daß sie verschwunden ist, fragte sie: „Wohin?"

Um es herum waren lauter Beine. Es schlängelte sich durch den Wald der Beine, es sah nichts als Beine. Es reichte nicht weiter als bis zu den Oberschenkeln. Zuerst schrie es. Dann, als ihm klar wurde, daß es verlorengegangen war, erstarb sein Weinen, und das Herz wurde ihm schwer. Ein kalter Wirbelsturm zog in sein Herz ein, als habe man ihm einen Trichter in den Mund gesteckt und eisige Luft hindurch gepumpt. Mit den Händen hatte es sich einen Weg durch die Beine gebahnt. Sein Geschrei war einem Schluchzen gewichen. Dann hatte es gesehen, daß der Wald aus den Beinen von nicht mehr als vier Menschen bestand, zwischen denen es einen Moment lang steckengeblieben war und seine Mutter aus den Augen verloren hatte.

Mit der beschlagenen Scheibe seiner Tränen hatte es die Gesichter der Frauen gerahmt und sie zerbrochen. Keine hatte wie seine Mutter ausgesehen. Das „Mama!" zerbarst unter seinem Aufschluchzen. Jemand trat ihm auf den Fuß. Sein Weinen wurde noch herzzerreißender. Man hörte etwas knirschen, und seine rosa Muschel zerbrach. Der Knopf sprang von dem Kleid ab. Als es den Knopf abriß, hätte es nicht gedacht, daß das Füllmaterial aus der Stoffpuppe hervorquellen würde und seine Puppe kaputtginge. Der Knopf war ihr Nabel gewesen. Der Stoff hatte Falten und war unter dem Bauch der Puppe am Nabel festgenäht. Die weiße Watte kam aus seinem Inneren heraus. Es legte die Hände auf den Bauch und wartete voller Schrecken darauf, daß die Watte aus seinem Bauch hervorquoll. Mit heiserer Stimme schrie es nach rechts und links schauend. Merkwürdige Dinge gab es in den Läden. Nun stand es vor der Stoffhandlung. Vielleicht würde ihm seine Mutter aus den Stoffresten eine neue Puppe nähen. Nie wieder würde es den Nabelknopf abreißen. In Panik lief es zum nächsten Laden. Es drückte beide Hände auf den Bauch, aber es hatte das Gefühl, immer mehr Watte zu verlieren. Sein Bauch wurde immer leerer, der Boden unter seinen Füßen immer weicher. Einen ganzen Winter lang hatte es geweint. Die Mutter hatte gesagt: „Laß mich sie wieder zunähen."

Es sagte: „Nein. Sie ist doch gestorben. Hast du sie nicht schreien gehört?"

„Was ist denn passiert? Warum weinst du? Warum hältst du deinen Bauch? Hast du Bauchschmerzen? Ich war doch nur kurz in dem Laden, um zu fragen, wieviel der Stoff kostet. Ist dir etwas zugestoßen?"

Der Wagen bog in eine Gasse ein, die im Halbdunkel lag. Die Straße hatte viele Kurven, mal eng und mal weit. Das Auto legte sich so in die Kurven, als sei es zwischen den sich nach vorn neigenden Wänden eingeschlossen. Sie schloß die Augen. Aber das fortwährende Schlingern war, als glitten sie durch den Darm eines Tieres. Die hohen, gekrümmten Wände der Häuser waren moosbewachsen. In einer Kurve sah sie das Haus mit der hohen hölzernen Tür.

Sie wußte nicht mehr, warum sie aus dem Haus gegangen war. Was hatte sie erledigen wollen? Vielleicht wollte sie irgend etwas einkaufen. Sie hatte das Gefühl, sich weit entfernt zu haben. Aber wovon? Sie wußte es nicht, vielleicht hatte sie mit der Hand gewunken, damit das Auto vor der großen hölzernen Tür anhielt, die dem Stadttor ähnelte. Sie hielt dem Fahrer den Geldschein hin, den sie beim Einsteigen in der Hand gehalten hatte. Sie wußte nicht, ob sie mit ihren kurzen Schritten zu der hölzernen Tür ging, oder ob die Tür auf sie zukam. Sie drehte sich um und sah keine Spur mehr von dem Auto. Die Gasse hatte so viele Windungen, daß sich kein Auto rasch entfernen konnte. War sie überhaupt in ein Auto eingestiegen? Oder hatte irgendeine Hand sie auf diesem schmalen Bogen gegenüber den in das alte Holz geschnitzten Bögen abgesetzt?

Sie schüttelte den Kopf, als wolle sie den quälenden Gedanken verjagen wie eine lästige Fliege. Sie drückte die Tür auf, sie war sehr leicht. Als ob sie mit der Schulter einen Vorhang zur Seite schöbe. Als sie auf der Schwelle der halb geöffneten Tür stand, senkte sich der Geist des Hauses über ihr Gedächtnis.

Die lichte Dunkelheit des Raumes war wie ein Labyrinth. Zog sie einen Vorhang zur Seite, fiel der nächste herab. Auf der Suche nach dem Grund des klaren Wassers trübte der Strudel den Blick. Die Wände waren mit Spiegeln mit schwarz angelaufenen Silberrahmen bedeckt. Sie schaute in einen der Wandspiegel. Da war eine große Menschenmenge. Daß sie alle ihr ähnelten, ließ sie schwindeln. Nahm eine der Frauen eine Kerze aus dem Kerzenständer, so nahm jede eine Kerze. Sie schritt aus dem Kreis der Kerzenträgerinnen heraus und war wieder allein.

Sie lief durch einen Durchgang. Rechts von ihr stand eine unfruchtbare Palme, an der eine großherzige Alte hing. Ein nacktes Baby saß zu ihren Füßen. Ein trockener Windhauch ließ das Bild erzittern. Aus der Tasche der Aufgehängten fiel eine Münze zu Boden. Das Kind nahm die Münze und schaute eine Sklavin an, die keinen Käufer fand. Ihre schwarzen Augen funkelten, als habe man sie für ewig mit Antimon nachgezogen. Aber die Sklavin war nicht mehr jung. Links von ihr wurde ein Maultier versteigert. Seine schwarzen Augen füllten sich mit Tränen, bis sie überliefen. Das Maultier fand auch keinen Käufer. Überall zog man ihm das

Fell ab und versteigerte sein Fleisch. Die Sklavin stand erstarrt unter der Palme. Das nackte Kind richtete sich auf. Oder der freundliche Blick der Sklavin hatte es dazu bewegt, und es brachte sie zu ihrem Besitzer. Es drückt dem Mann die Goldmünze in die Hand und nimmt die Sklavin bei der Hand. Die Sklavin nimmt das Kind auf den Arm und verschwindet hinter einer Ruine. Das Kind klammert sich an den Hals der Sklavin, als habe es Angst, seine ewige Mutter abermals zu verlieren. Das Kreischen einer Katze. Das Wegwerfen des Katzenkopfes. Einen Moment später der Geruch von gesottener Katze.

Eine Wahrsagerin mit schwarzem Gesichtsschleier saß hinter einem Tuch, auf dem eine Handvoll Kichererbsen in unterschiedlicher Anordnung lag. Neben ihr verliest ein Richter ein Urteil, und ein Verurteilter, dessen Gepäck alt ist, wird zu der Palme geführt. Der Richter bleibt mit dem Rücken zu den Urteilsvollstreckern bei dem Händler stehen, der den Chalzedon zwischen die aufgefädelten Dattelkerne gelegt hat. Weit weg von dem Platz sammelt eine alte Frau die Wurzeln von Dornbüschen. Nichts außer den Dornen und dem Wind findet ihre Beachtung. Ein paar Gipsbrocken fallen von der Saaldecke herab. Eine Hälfte der alten Frau rennt hinter die Dornbüsche. An die Steppe grenzt ein Garten voll niedriger Pilze, die Knöpfen ähneln. Zwischen den Pilzen kriechen Reptilien hervor. Auf dem fauligen Laub unter den Platanen sieht man das Grinsen des Schimmelpilzes. Aus einem Salzsack, der um den Baum gewickelt ist, tropft Sole. Der Hall der Tropfen ist der einzige Laut in dieser Welt. Tausende verendeter Krähen kleben wie verfaulte schwarze Früchte an den uralten Bäumen. Sie hat das Gefühl, auf dem Schimmel laufen zu müssen, um einen anderen Laut zu hören. Sie lehnt sich an eine grüne Zypresse und schließt für einen kurzen Moment die Augen. Die weiße Watte ist überall. Der kalte Wind läßt sie die Augen öffnen. Die große hölzerne Tür ist so schwer, daß sie sich kaum bewegen läßt. Sie gerät außer Atem. Mit viel Mühe öffnet sie die Tür gerade so weit, daß eine Schulter hindurch paßt. Sie läßt die engen und weiten Windungen der Gasse hinter sich. Es kommt ihr vor, als verschwinde der Wagen, aus dem sie ausgestiegen war, gerade in einer der Kurven. Die Straße kommt ihr fremd vor. Die Häuser haben einen Baustil, den sie bislang noch nicht gesehen hat. Vielleicht war ihr, als sie im Auto saß, nicht aufgefallen, wie weit er gefahren war. Sie schaute sich eine Weile verwirrt um. Schließlich entschied sie sich für eine Richtung, abwärts.

Sie winkt einigen Autos zu. Aber keines hält an. Als ob man ein anderes Zeichen geben müßte, das sie nicht kennt. Ein Wagen hält an, und ein Fahrgast steigt aus. Unverzüglich steigt sie ein: „Hafez-Straße."

Ungeduldig wartet sie darauf, eine vertraute Straße zu entdecken. Bestimmt ist sie noch sehr weit entfernt. Aber je weiter der Wagen fährt, um so fremder erscheint ihr das Gesicht der Stadt. Keiner der Läden, kein Schild, keine Bebauung kommt ihr bekannt vor. Sie sieht einen Kreisverkehr, um den lauter Kreise herumführen. Im innersten Ring hält das Auto an. Sie will irgend etwas sagen, aber der Fahrer öffnet ihr die Tür und wartet auf seine Bezahlung. Sie öffnet ihre Tasche und zieht einen Geldschein heraus. Der Fahrer schaut sie an, als habe er eine Verrückte vor sich. In einem kaum verständlichen, fremden Dialekt sagt er zu ihr: „Das ist ja noch aus der Pharaonenzeit."

Das Auto fährt davon. Sie sieht, wie der Wagen den gemeinsamen Mittelpunkt der Kreise erreicht und den inneren Kreis über den Radius verläßt.

Aus dem Persischen von Sabine Allafi

Moniro Ravanipur

❧❧

Angst vor der Zukunft

Wir waren Poeten und hatten keine besonderen Erinnerungen. Jeden Nachmittag trafen wir uns gegen vier auf dem Trottoir vor der Buchhandlung. Dort standen wir herum, plauderten, rezitierten Gedichte und diskutierten miteinander. Es war jeden Tag dasselbe, nicht mehr und nicht weniger. Als wären die Worte nicht mehr die Wirklichkeit, als wären sie nichts als ein Schwarm Fliegen, der uns auf Schritt und Tritt folgte, bis wir die Buchhandlung erreichten, und dann über unsere Köpfen hinweg davonsummte. Wenn wir müde wurden, gingen wir in das Teehaus neben der Buchhandlung, dann erfüllte das Summen der Fliegen das Teehaus, bis unsere Zungen erlahmten. Und wir brachen auf.

Der Buchhandlung gegenüber, auf der anderen Seite der Straße, gab es eine Ladengalerie, über der sich eine Wohnung befand, die uns bis zu jenem Tag noch nie aufgefallen war. An jenem Tag erst bemerkten wir sie und schauten dort hinauf.

Es war vielleicht Samstag. Daß ich vielleicht sage, liegt daran, daß wir alle auf einmal völlig verstört waren. Bis heute wissen wir noch nicht, was für ein Tag es war. Aber wir wissen alle, daß sie zuvor noch nicht dort gewesen war. Weder in dieser Wohnung über den Läden, mit der Tür zur Straße - wir bemerkten die Tür erst jetzt -, noch überhaupt in dieser Stadt. Hätte es in unserer kleinen Stadt eine Frau wie sie gegeben, so wäre uns das auf keinen Fall entgangen.

Wir waren auf der Suche nach irgendeiner Erinnerung. Wir waren Dichter, und bislang hatten wir keine Erinnerung an solch eine Frau gehabt, eine Frau, die ein schwarzes Kleid trug, und die ihr Kopftuch nicht unter dem Kinn zusammenknotete, bei der manchmal, nicht immer, das Weiß ihres Halses zu erblicken war.

Als wir einander ansahen, stellten wir fest, wie unsere Augen an jenem Tag erstrahlten. Und jene Tage ...

Beim ersten Mal war es vier Uhr nachmittags, als sie das Haus verließ. Sie hatte ein ovales Gesicht, ihre schmalen Lippen waren aufeinander gepreßt. Ihr Haar war schwarz und lang, wenn sie es offen tragen würde, reichte es ihr bestimmt bis zur Taille. Ihr Gesicht war von Trauer gezeichnet. Vielleicht war es, weil sie schwarz trug, daß wir meinten, sie traure. Und das schmerzte uns.

Während sie die Straße überquerte, achtete sie mit süßen Kopfbewegungen auf den Verkehr. Als sie die Buchhandlung betrat, fiel uns ein, daß wir einmal nach den Büchern schauen könnten, vielleicht war ein neues Buch erschienen, obwohl wir seit langem weder ein Buch gelesen noch die Buchhandlung betreten hatten. Dort bemerkten wir, daß sie Bücher über van Gogh suchte. Ihre Stimme irritierte uns. Wir hörten sie nicht mehr, wir waren uns auch nicht sicher, ob wir sie überhaupt je gehört hatten. Einzig ihre klaren Worte schwebten in der Luft, und so kamen wir zu dem Schluß, daß sie Malerin war und Staffelei, Farbe und Leinwand kaufen wollte.

Als sie ging, war die Buchhandlung leer. Wir hatten dort nichts mehr zu suchen und gingen hinaus. Es war, als würden wir einander nicht kennen und wüßten nicht, warum wir früher einmal dort gestanden und miteinander geplaudert hatten.

Es war an eben jenem Tag, als wir sahen, wie die Haustür sich öffnete. Einen Augenblick später sahen wir, daß die Vorhänge des Zimmers alt und verblichen waren. Wir vermuteten, das Zimmer müsse sehr groß sein, da große Zimmer immer große Fenster haben. Bestimmt war dort ihr Atelier, von dem aus man die Straße im Blick hatte, und das mit Sonnenaufgang hell erleuchtet wurde. Sicher brauchte man zum Malen reichlich Licht.

Als wir uns tags darauf wieder dort trafen, sahen wir, daß ein neuer Vorhang aufgehängt war, aus einem mit Meeresvögeln bedruckten Stoff. Meeresvögel, die sich verirrt hatten und nicht zum Meer zurückfanden. Sie hatten die Orientierung verloren. Sie reckten ihre Hälse, als wollten sie sich bei uns nach dem Weg zum Meer erkundigen. So kam es, daß wir mit den Meeresvögeln sprachen und in die Buchhandlung schlüpften, um ein Buch über das Meer und die Meeresvögel zu kaufen. Wir wollten wissen, wie verirrte Meeresvögel ihren Weg zum Meer zurück finden können. Wir wollten es herausfinden, zu unserer eigenen Beruhigung.

Es dauerte eine Woche, bis wir nicht mehr über das Meer und die Meeresvögel sprachen. Uns beschäftigten nun andere Themen. Wäre der Vorhang nicht so kurz gewesen und hätten wir ihre Fußknöchel nicht sehen können, wer weiß, wie lange wir noch über die Meeresvögel parliert hätten? Als wir am achten Tag dorthin kamen, sahen wir, wie sie da saß, ihren Blick auf die Straße gerichtet, und wir sahen die Zipfel ihres schwarzen Rockes, der ihr übers Knie reichte, und eine Hand, die ab und zu etwas vom Boden aufhob, das wahrscheinlich heruntergefallen war. Wir nahmen an, daß es entweder ein Pinsel oder ein Bleistift war ...

An jenem Tag gingen wir fort, als es dunkelte, unsere Füße schmerzten furchtbar, bis zum Morgen. Als wir tags darauf etwas früher zusammenkamen, stellen wir fest, daß sie nicht da war. Sie war nicht da, aber genau um Viertel vor drei sahen wir wieder ihre Knöchel, als sie sich auf den Stuhl setzte. Nachdem sie sich den Stuhl zurechtgerückt hatte, fing sie an. Zwei oder drei Mal fiel ihr der Bleistift oder der Pinsel aus der Hand ... Wir sahen ihre Hand, sie war lieblich und weiß.

Zehn Tage lang standen wir dort und beobachteten diese Szene. Wir hatten keine Ahnung, was sie malte. Aber wir schauten immer wieder zu ihr hinauf, in der Hoffnung, der Vorhang würde sich bewegen, und er bewegte sich. Seither kamen wir jeden Tag um Viertel vor drei und stellten uns neben der Buchhandlung auf. Manchmal kamen wir sogar noch früher, um im Teehaus ein Glas Tee zu trinken. Der Tee schmeckte jetzt auch anders. Keiner trank mehr zu Hause Tee. Um genau sechzehn Minuten vor drei verließen wir das Teehaus und standen wieder dort, wo wir stehen mußten.

An diesem Tag, es war der elfte, zog sie den Vorhang auf. Wir sahen, wie sie ihr Bild von der Staffelei nahm und eine neue Leinwand darauf stellte, dann setzte sie sich, ohne den Vorhang vorzuziehen, auf einen Stuhl. Wir blickten einander erstaunt an. Unsere Augen glänzten, als wäre uns ein Stein vom Herzen gefallen, und wir seufzten laut, während wir verstohlen wieder dorthin schauten. Wir taten so, als interessiere sie uns überhaupt nicht ... Wir waren uns ganz sicher, daß sie zum Fenster hinausschaute und einen von uns porträtierte.

So kam es, daß unser Verhalten eine Wiederholung dessen war, was wir an den vergangenen Tagen getan hatten. Wir dachten uns zum Beispiel, wenn am Tage zuvor einer von uns seine Hand in der Luft bewegte hatte, müßte er diese Bewegung genau an der Stelle fortsetzen, wo er sie unterbrochen hatte, damit sie ihr Bild zu Ende malen konnte.

Da wir keine Ahnung von Malerei hatten und nicht wußten, wie lange es dauert, bis ein Porträt oder ein Bild überhaupt fertiggestellt ist, gingen wir in die Buchhandlung und kauften alle Bücher, die es dort über Malerei und die Lebensgeschichte der großen Maler gab, und wir studierten sie eifrig. Wir fühlten uns einigermaßen wohl, wir litten lediglich darunter, daß unsere Haare und Bärte weiter wuchsen. Daran konnten wir nichts ändern, wir versuchten, alles unter Kontrolle zu halten. Dieses Problem beschäftigte uns so, weil wir stets gegenseitig unsere Haare und Bärte anschauten, und das ärgerte uns. Wir fürchteten, sie könnte den Vorhang vorziehen und für immer fortgehen.

Eines Tages, nachdem wir zwei Monate lang täglich an derselben Stelle gestanden hatten, stand sie plötzlich auf und nahm das Bild von der Staffelei. Sie spannte eine neue Leinwand, als habe sie gespürt, daß uns inzwischen das Wiederholen unseres Verhaltens langweile. Wir stellten uns nun an die andere Seite der Buchhandlung, damit sie uns aus einer anderen Perspektive malen konnte. Wir halfen ihr mit der ständigen Wiederholung unseres

Verhaltens, damit sie ihre Arbeit fehlerfrei und rasch beenden konnte.

Das war unsere Beschäftigung in diesen Tagen. Wenn am Abend der Buchhändler seinen Laden schloß, zog auch sie den Vorhang vor, und wir gingen alle nach Hause. Wir konnten uns nicht voneinander trennen, als würden wir das Alleinsein nicht aushalten, oder als hätten wir Angst, daß irgend etwas passieren würde oder schon passiert war, und wir es verpaßt hatten. So kam es, daß wir uns reihum bei einem von uns trafen. Wie diese Reihe entstanden war, wußten wir selbst nicht. Wir saßen bei einem von uns zu Hause und leerten alle Flaschen, zuerst nur schluckweise, keiner wollte mehr als die anderen trinken. Jeder wollte einen klaren Kopf behalten, um mitreden und zuhören zu können ... Aber keiner sprach ... Es ging nur um Farben, Malerei, Cezanne, van Gogh und ... Was wir kürzlich entdeckt hatten, und wobei wir verweilten, was das abgeschnittene Ohr von van Gogh. Wir waren uns sicher, daß sein Ohrläppchen weiß und lieblich ausgesehen hatte, und so weinten wir manchmal.

Spät in der Nacht legte sich jeder in eine Ecke. Lange Zeit vernahmen wir unser gedehntes Stöhnen oder Lallen, dann wußten wir, daß wir betrunken waren. Betrunken und im Halbschlaf prägten wir uns unser Verhalten vom vergangenen Tag noch einmal gut ein, damit wir uns am nächsten Tag in derselben Position aufstellen konnten und ihr die Arbeit nicht erschwerten.

Nach einiger Zeit hatten wir herausgefunden, daß sie zwischen zwei und Viertel vor drei in die Buchhandlung ging. So kam es, daß wir ab ein Uhr dort waren ... Sie kam, nickte uns zu, ging in die Buchhandlung hinein und schaute sich die Bücher an. Sie kaufte nichts, und wir sahen, wie sie uns anschaute, als wolle sie herausfinden, ob wir noch da waren ... So kam es, daß wir uns ohne ein Wort darüber zu verlieren, um ein Uhr dort versammelten. Nachdem wir uns eine Woche lang um diese neue Uhrzeit getroffen hatten, sahen wir endlich ihr Lächeln, als wäre sie zufrieden mit uns.

Wir lachten auch und schauten sie an. Wir stellten uns so auf, daß sie uns alle gut sehen konnte.

Einige Male sahen wir, wie sie aus einem Taxi stieg. Es erinnert sich keiner mehr daran, ob es ein Taxi war oder ein Pick-up. Man sah, daß sie Gepäck hatte, eine Staffelei oder ein Bett oder so etwas. Sie schleppte es mit sich. Wir standen da und schauten zu, der Fahrer ging ihr zur Hand und nahm uns damit die Gelegenheit. Sie öffnete ihm die Haustür, und er trug die Sachen nach oben. Wir sahen einander erstaunt an. Der Fahrer war ein junger braungebrannter Mann mit einem buschigen Schnauzbart. Als er aus der Tür trat, steckte er sein Geld ein. Wir wollten gerade gehen und ihn ansprechen, als er das Auto in Bewegung setzte und Gas gab. An jenem Tag fiel uns auf, daß keiner von uns fahren konnte. Später suchten wir in der Stadt nach dem Fahrer, aber wir fanden ihn nicht mehr.

Einmal stellten wir uns genau gegenüber der Tür auf, die sie öffnete. Die kleinen Treppenstufen waren grau oder silbern, es war dunkel. Wir vermuteten, daß die Lampe im Treppenhaus kaputt war. Aber keiner von uns verstand etwas von der Arbeit des Elektrikers. An jenem Tag dachten wir an die Straßenlaternen, an denen Leute hochklettern, um Kabel zu reparieren.

Das Datum ihres Fortgehens ist uns sehr wohl gegenwärtig. An jenem Tag, an dem wir alle plötzlich alterten ... Keiner von uns hatte ihr Verschwinden bemerkt. Aber sie war fortgegangen, höchstwahrscheinlich im Dunkel der Nacht. Am Freitag war sie bestimmt nicht gegangen, da wir an Freitagen entweder mit dem Taxi durch die Straße fuhren oder dort vorbeiliefen ... Obwohl niemand da war, der Vorhang vorgezogen und kein Knöchel zu sehen war, kamen wir dorthin.

Ihr Fortgehen nährte in uns das Bedürfnis nach Vergessen oder danach, sie wiederzusehen. Wir sprachen miteinander, dieses Mal sprachen wir über sie, und zwar sehr laut. Keiner wußte, wie, aber alle hatten bemerkt, daß sie eines Tages jemanden geliebt hatte oder zwei Leute sie geliebt hatten. Im Kampf um sie hatte einer den anderen umgebracht, und der andere war vom Gericht zum Tode verurteilt worden. Ihr Haus lag dem Hinrichtungsplatz gegenüber. Jeden Morgen war sie in der Dämmerung aufgestanden, um den Sonnenaufgang zu malen. Sie sah die schläfrigen Soldaten, die jemanden zur Hinrichtungsstätte führten. Der Abgeführte sog tief Luft ein, in der Hoffnung, etwas von ihrem Duft zu erhaschen. Er wußte, daß sie jeden Morgen in der Dämmerung aufstand, um den Sonnenaufgang zu malen. Es kam sehr oft vor, daß er bis zum frühen Morgen unter dem Fenster ihrer Wohnung wachte.

So war uns mit einem Male klar geworden, daß sie aus diesem Grunde Schwarz getragen und ihre Zeit mit Malerei ausgefüllt hatte. Sie hatte vor, ihre Werke in verschiedenen Städten auszustellen. So kam es, daß wir alle Nachrichten über Kunst verfolgten, um herauszufinden, in welcher Stadt eine schwarz gekleidete Frau eine Ausstellung hatte.

In den ersten Monaten gingen wir alle zusammen täglich zum Busbahnhof, um uns erkundigen, ob sich nicht eine schwarz gekleidete Malerin unter den Fahrgästen befand. Aber nun meinen wir, daß jeden Tag nur einer von uns zum Busbahnhof gehen, nachschauen und den anderen Bescheid sagen soll, ob sie angekommen ist oder nicht ... Es ist kein schwieriges Unterfangen. Es ist nicht schwerer als das, was wir in einem Zustand zwischen Schlafen und Wachen erleben ... Ohne je ein Wort darüber zu verlieren, wünschen wir uns doch, in einen tiefen Schlaf sinken zu können und nicht ständig an sie denken zu müssen. Aber wir sind auch im Schlafen immer wach. In diesem Wachsein, wenn wir schlafen, träumen wir, daß wir wach sind, und das ist sehr schwer zu ertragen. Es wird von Tag zu Tag schwerer. Wenn sie hinauf gegangen wäre, die Tür hinter sich geschlossen und dieser Vorhang die ganze Fensterscheibe bedeckt hätte, wäre es nicht so weit gekommen. Wir wissen, wenn wir dies alles aus unserem Gedächtnis löschten, würde sie eines Tages zurückkommen und diesen kurzen Vorhang aufhängen, und wir würden wieder diese Knöchel sehen, eine Hand, die unter dem Tisch einen Bleistift oder einen Pinsel aufhebt ... und unsere Füße würden vom langen Stehen wieder schmerzen.

Jeder Tag, der vergeht, selbst dieser Augenblick, kommt nie zurück. Keiner kann ändern, was vergangen ist, und das heißt, er kann weder diesen Augenblick, noch das Heute, das Morgen oder die Tage, die noch kommen werden, ändern. Und wir wissen auch, daß die Angst, die wir mit uns tragen, immer da ist und uns nicht verlassen wird, sie hat sich so an uns gewöhnt, sie hat Angst, fortzugehen. Als ob sie, wenn sie ginge, nirgendwo einen Platz hätte, um zu überleben und zu atmen ... So kam es, daß wir ständig Angst haben, wir haben Angst vor der Zukunft, die die Vergangenheit ist, und wir haben Angst, daß sie wieder auftaucht und denkt, wir hätten sie vergessen ...

Aus dem Persischen von Sabine Allafi

Nasrin Parsa

❧❧

Eine andere Pubertät

Die junge Frau fuhr mit dem Kamm durch ihr nasses Haar, dessen Spitzen, im Spiegel betrachtet, bis zu ihren Brüsten reichten. Mit den Fingern maß sie ab, wo Haar und Brust einander berührten. Die Erinnerung an diesen vorübergehenden, angenehmen Schmerz wurde wieder in ihr lebendig. Im Spiegel sah sie den über der Handbrause hängenden nassen Waschlappen. Die Erinnerung an vergangene Zeiten wurde in ihr wach.

An jene Zeit, da unter ihrer Haut, an der Stelle, die sie jetzt mit den Fingern berührte, ein Schmerz ihren Körper durchzog. Es schmerzte sehr. Ganz besonders beim Ballspielen mit den anderen Kindern. Wenn der Ball oder eine Hand sie zufällig berührte, ließ der Schmerz sie zusammenzucken, und in ihren Augen sammelten sich Tränen.

Eines Abends legte sie beim zu Bett gehen, ihre Hand auf die schmerzende Stelle und fragte ihre Mutter: „Ich weiß nicht, warum es hier bei mir weh tut?"

Während die Frau sie zudeckte, stellte sie blitzschnell und ungerührt fest: „Du bekommst einen Busen."

Das Mädchen weinte vor Scham und verkroch sich unter seiner Bettdecke.

Sie war größer als ihre gleichaltrigen Freundinnen. Sie krümmte den Rücken, um die neue, schmerzende Wölbung zu verbergen, damit die Kinder nichts von dem Schmerz unter ihrer Bluse erfuhren. Nach der Bemerkung ihrer Mutter verlor sie kein Wort mehr darüber. Und sie sprach mit niemandem über das merkwürdige Wachsen unter ihrem Kleid. Wenn ihre Mutter sie im Bad mit dem Waschlappen abrieb, reckte sie den Kopf zur Decke, damit sie die Tränen, die ihr der Schmerz in die Augen trieb, nicht sah.

Ein paar Monate später, als sie mit ihren verspielten Brüdern herumtollte, bereitete ihr das Auf- und Abhüpfen ihres frisch sprießenden Busens erneute Pein. Auf der Suche nach Abhilfe knotete sie die Nylonstrümpfe ihrer Mutter zusammen und wickelte diese unter dem Kleid um ihre Brust.

Eines Tages warf ihr ihre ältere Schwester lachend einen BH hin und sagte: „Zieh den an!"

Das Mädchen schrie auf vor Scham und feuerte ihn in die Ecke. Die Schwester lachte: „Armes Ding! Ob du willst oder nicht, du mußt ihn anziehen. Sonst bekommst du einen Hängebusen."

Das Mädchen wandte voller Scham das Gesicht ab und sagte: „Halt den Mund, du ungezogene Tante!"

Die Mutter und die ältere Schwester machten sich im anderen Zimmer über ihre Erregung und ihr Gekränktsein lustig.

Es kam eine Zeit, da sie keine Schmerzen mehr hatte und ohne Scham einen BH anzog. Aber an den Tagen, an denen sie in das öffentliche Bad ging, teilte sie, nachdem sie ihre Kleider im Umkleideraum abgelegt hatte, ihr Haar sofort in zwei Strähnen, die sie über ihren Busen fallen ließ, um ihn vor den Blicken der anderen Frauen zu schützen.

Eines Tages trat eine Frau im Bad auf sie zu und sagte: „Bitte, schrubbe mir den Rücken, wenn es dir nichts ausmacht. Ich reiche selbst nicht dorthin."

Das Mädchen rieb ihr widerwillig mit dem seifigen Waschlappen den Rücken ab, reichte ihr dann den Lappen und sagte: „Bitte sehr!"

Die Frau beharrte darauf, das Mädchen als Gegenleistung ebenfalls einzuseifen. Aber es lehnte ab und ging zur Dusche.

Die Frau trat wieder auf sie zu, schaute ihr erstaunt ins Gesicht und sagte: „Mashallah! Was für eine Figur! Wenn du noch keinen Verlobten hast, wünschte ich bei Gott, daß du meine Schwiegertochter wirst."

Das Mädchen war in den Buchhändler verliebt, dessen Laden an ihrem Schulweg lag.

Obwohl sie einen BH trug, erlaubte ihr die Mutter nicht, auf den Sportplatz zu gehen. Sie war gegen das Rennen und Springen. Sie schrie ihre Tochter oft an: „Schämst du dich nicht, vor den Leuten deinen Busen so herumhüpfen zu lassen?!"

Das Mädchen war sportlich. Sie liebte das Rennen und Springen. Sie mochte springen und singen, sich in jemanden verlieben und Lieder singen, wenn sie an ihn dachte. Und alle redeten ihr ein: „Springen ist gefährlich für Mädchen ..."

Das Mädchen war bereit, jede Gefahr auf sich zu nehmen, um weiterhin springen zu dürfen. Jedesmal nach dem Hochsprungtraining kontrollierte sie auf der Toilette ihren Schlüpfer, um sicherzugehen, daß nichts passiert war. Und Tag für Tag schulterte sie nach der Kontrolle ihres Schlüpfers die Sporttasche und ging nach Hause.

Ihre Schulkameradinnen fragten sie: „Hast du denn gar keine Angst daß, wenn du springst, etwas mit deinem Kapital passiert?"

Das Mädchen zuckte traurig mit den Schultern und sagte: „Höchstens finde ich keinen Mann. Na gut, dann eben nicht. Sport ist besser als Heiraten."

Ein Geräusch hallte im Bad. Die Frau zuckte zusammen. Sie drehte sich blitzschnell um und schaute hinter sich. Es war niemand da. Der nasse Waschlappen war gerutscht und in die Wanne gefallen. Als die junge Frau sich bückte, um den Waschlappen aufzuheben, stießen ihre rosigen Brustwarzen an die kalten Kacheln der Badewanne. Die Kälte drang durch die Poren ihrer Brust, und sie stöhnte auf. Sie biß sich auf die Lippen und kniff die Augen zu. Widerwillig schreckte sie zurück, als habe man ihre Haut mit Eis eingerieben. Sie richtete sich wieder auf und stand nun vor dem Spiegel. Um sich zu beruhigen, rieb sie ihre Brustwarzen mit warmem Speichel, den sie auf ihren Mittelfinger gegeben hatte.

Der schleimige Speichel auf ihrer Haut rief in ihr die Erinnerung an die Nächte vor ihrer Reise und den glatten Körper ihres Geliebten wach, die mit einem vorübergehenden, angenehmen Schmerz eine andere Pubertät in ihrer Brust hervorgerufen und ihren Körper hatten durchziehen lassen.

Die junge Frau wickelte sich in das Handtuch ein, verknotete die Zipfel über ihrer Brust und schrieb mit dem Finger auf den beschlagenen Spiegel:

Die Frau
In Erwartung eines männlichen Körpers
Wie eine Blume
In Erwartung der Sonne
Fröstelte sie.

Aus dem Persischen von Sabine Allafi

Mehrnush Mazarei

⁕

Die Geschichte eines ungeheuerlichen Verbrechens

Ich kann es immer noch nicht fassen, daß eine Geschichte, die so einfach begann, so enden konnte. Die Geschichte fing mit einem einfachen, normalen Blick an. Sie ging mit der Zeit immer tiefer und wurde immer ernster, bis schließlich das vorfiel, was niemals hätte geschehen dürfen, und sie damit in diesem traurigen und ungeheuerlichen Verbrechen endete.

Der erste Blick kam von mir. Ich bin mir nicht ganz sicher, vielleicht hat auch er angefangen. Es fällt mir schwer, mich daran zu erinnern, wer von uns beiden die Initiative ergriff. Aber ist es wirklich von Bedeutung, wer den ersten Schritt tat?

Zuerst schauten wir uns für einen kurzen Augenblick flüchtig an, ohne daß sich ein Gefühl in uns regte. Dann dauerten die Blicke immer länger, und ich spürte, daß mir seine Blicke etwas sagen wollten. Es war etwas Angenehmes und Süßes, das ich mit allen Zellen meines Körpers spürte. Und nun geriet mein ganzer Körper in Aufregung, mein Herz pochte, und eine innere Hitze stieg mir in die Wangen. Jetzt fingen meine Träume an. Ich befand mich im Trancezustand. Wenn ich die Augen schloß, sah ich mich auf einem hohen Sockel inmitten eines riesigen Tempels mit hoher Kuppel sitzen und die Umgebung beobachten. Um mich herum stieg duftender, dichter Dampf auf. Ich meinte, mich jederzeit in die Lüfte erheben zu können, so leicht fühlte ich mich.

Nach einer Weile kam sein Körpergeruch zu seinen Blicken hinzu. Sein Körper versprühte einen eigenartigen Duft, der keinem anderen Geruch glich. Zuerst dachte ich, es sei der Duft seines Rasierwassers. Es mochte ein uraltes Rasierwasser sein, das mit der Zeit seinen Duft verloren hatte. Ich merkte aber später, daß sein

Geruch viel intensiver und stärker war als jedes Rasierwasser. Er brannte in meiner Nase, wühlte mich innerlich auf und hinterließ zugleich ein angenehmes, süßes Gefühl in mir.

Allmählich änderten sich auch meine Träume. Ich träumte zwar denselben Traum, aber nun wurde, nachdem ich eine Weile dort gesessen hatte, das Tor geöffnet, und er trat ein. Er stieg anmutig die Stufen herauf, setzte mir den schönen, duftenden Blumenkranz, den er in der Hand trug, auf den Kopf und blieb an meiner Seite sitzen. Sein Blick ruhte in meinen Augen, er hielt meine Hände in seinen Händen und streichelte sie sanft. Dann zog er meine Füße an seine Lippen und liebkoste jede einzelne meiner Zehen. Vor lauter Freude und Glückseligkeit konnte ich noch eine Weile, nachdem er gegangen war, nicht still sitzen. Ich stieg vom Sockel herab und tanzte suchend von einem Winkel des Tempels in den anderen. Ich hüpfte und sang.

Wenn ich ihm im Wachen begegnete oder er an mir vorüberging, spürte ich, wie sich unsere Körper sanft zueinander hinneigten. Wieder pochte mein Herz ganz wild. Auch der Ausdruck meiner Augen veränderte sich. Ich sah, daß auch seine Augen glänzten. Dann empfand ich den ganzen Tag ein Wonnegefühl und hätte am liebsten laut gesungen.

Als ich eines Tages eine Buchhandlung aufsuchte, fiel mir dort eine Postkarte auf. Es war ein Schwarzweißfoto, auf dem eine Frau und ein Mann in inniger Umarmung abgebildet waren. Die Frau hielt mit ihren Händen den Hals des Mannes umklammert und hatte ihre Lippen auf seine Lippen gelegt. Der Mann hatte seine Hände um ihre Taille gelegt und sie zu sich hochgezogen. Unter dem Bild stand in schönen, zierlichen Lettern: „I found true love in your hands."

Minutenlang hingen meine Augen an dem Bild, und ich vergaß, wo ich war und warum ich dorthin gegangen war. Mein Herz raste, und mein Atem wurde immer schneller. Es war, als spürte ich jenen Geruch und seinen Blick. Ich kaufte die Karte, nahm sie mit nach Hause und legte sie auf die Frisierkommode neben meinem Bett.

An jenem Abend ergriff ich nach seiner Andacht seine Hand und stieg mit ihm die Stufen hinab. Ich ließ mein langes Seidenkleid über die Schultern gleiten, nahm den Blumenkranz vom Kopf und ließ meine Haare auf die Schultern fallen. Dann drückte ich meine Lippen auf seine Lippen und umklammerte seinen Hals mit meinen Händen. Er legte seine Hände um meine Taille, drückte mich an sich und zog mich so weit hoch, bis unsere Körper auf gleicher Höhe waren.

Es ging eine Weile so weiter; wir schauten einander an, ich spürte seinen Duft und sah ihn nachts in meinem Traum. Die Postkarte stand mit der gleichen Anmut auf meinem Tisch. Ich fühlte mich ihm von Tag zu Tag näher und sehnte mich innerlich danach, ihn auch im Wachen in die Arme zu schließen und zu küssen. Ich wollte mit ihm in ein Fotostudio gehen und mich mit ihm in gleicher Pose wie das Paar auf der Postkarte fotografieren lassen. Ich wollte Hand in Hand mit ihm durch die Straßen laufen und mit ihm tanzen.

Eines Tages, als er an mir vorüberging, sich unsere Körper genähert hatten und unsere Blicke ineinander versunken waren, streckte ich meine Hand aus und griff nach seiner Hand. Aber kaum hatten sich unsere Finger erreicht und das kalte, gelbe Metall unserer Ringe sich berührt, versank die Welt um mich herum in absoluter Finsternis. Ein Schüttelfrost ergriff mich. Aus allen Ecken hagelten kleine spitze Steinchen auf mich. Sie schlugen mit solcher Wucht auf mich ein, daß mein ganzer Körper schmerzte und die blauen Flecken noch lange danach zu sehen waren. Von da an brach jedesmal, wenn ich auf ihn zuging, der Sturm wieder los. Die Welt versank in Finsternis. Der Duft seines Körpers vermischte sich allmählich mit dem Gefühl des Schmerzes, der Angst und der Unruhe. Die Freude bei seinem Wiedersehen und die Anmut seines Blickes verblaßten immer mehr. Zu Anfang hätte ich nie geglaubt, daß die Begegnung mit ihm so schmerzhaft sein könnte. Aber bald versank ich in einer so tiefen Verzweiflung und Ohnmacht, daß ich die ganze Zeit über nur weinte und die Richtung änderte, sobald ich ihn auf mich zukommen sah. Ich starrte ihn aus der Ferne an. Von jenen Freuden und Gesängen gab es keine Spur mehr. Verschwunden waren die aufregenden Momente des Herzrasens. Die schönen, genußvollen Träume hatten sich so weit von mir entfernt, als seien sie Jahrhunderte weit weg. Mein schöner Phantasietempel hatte sich in eine finstere Ruine verwandelt. Mein hoher Stammplatz glich nun einer finsteren Grube mit halbhohen Wänden, die mich bis zum Hals in ihrer kalten, finsteren Erde begrub. Als ich eines Tages einsam in meinem Zimmer hockte und im Spiegel meine traurige Gestalt betrachtete, die ich nur mit Mühe wiedererkannte, sah ich, daß die Postkarte bereits vergilbt und ihre Ränder zerknittert waren. Die Frau verschwand allmählich von der Bildfläche. Da begriff ich, daß die Geschichte nun allmählich ernst wurde. Ich mußte etwas tun.

In jener Nacht sah ich ihn nach einer Weile wieder in meinem Traum. Ich hockte am Fuße meines hohen Stammplatzes und erwartete ihn. Nichts war mehr wie früher. Der Blumenkranz auf meinem Kopf war verdorrt und hatte alle Blätter verloren. Die Dämpfe verbreiteten nun einen üblen Geruch. Mein Seidenkleid war zerrissen. Seine weiße Farbe war dreckig und vergilbt. Ich fühlte mich zutiefst einsam und haßte mich selbst. Er öffnete die Tür der Kapelle und warf mir von dort einen Blick zu. Dann drehte er sich um und wollte ohne ein Wort wieder gehen. Ich rief ihn. Ich warf ihm einen langen, liebevollen Blick zu und bat ihn, sich mit mir irgendwo zu treffen. Wir verabredeten uns in einem gut besuchten Restaurant in der Nähe meiner Arbeit. Genau um die Mittagsstunde, pünktlich zum verabredeten Zeitpunkt, traf er ein. Er trug einen hübschen, gut geschnittenen Anzug. Obwohl er ein angenehm duftendes Rasierwasser benutzt hatte, war sein Geruch anders und erweckte keine Gefühle mehr in mir. Sehr förmlich und höflich nahm er an meinem Tisch Platz und vertiefte sich in die Speisekarte. Auch ich studierte das Menü. Nach ein paar

Minuten bestellten wir beide das Essen und legten die Speisekarte zur Seite. Er saß sehr dicht bei mir. Aber ich hatte Angst, ihm in die Augen zu schauen und seine Hände zu berühren. Ich war sicher, daß auch er mich nicht anschaute. Er hätte sonst gesehen, wie ich nach dem Messer griff und damit ganz kaltblütig in sein Herz stach. Als ich das Messer herauszog, spritzte das Blut heftig, es besudelte meinen Kopf und mein Gesicht. Ich nahm die Serviette und wischte das Blut ab. Plötzlich fiel mein Blick auf seine Augen. Ich bemerkte, daß er mich so schön und anmutig wie früher anschaute. Noch bevor ich von Reuegefühlen überwältigt seinen Blick mit meinem sehnsüchtigen Blick erwiderte, stand ich auf und lief hastig aus dem Restaurant. Minutenlang irrte ich ziellos durch die Gegend. Dann erinnerte ich mich an jenes Bild, an die Kapelle und an den hohen Sockel. Ich erinnerte mich an all jene schönen Momente und rannte wütend los. Den ganzen Weg nach Hause rannte ich und weinte dabei. Als ich zu Hause ankam, bemerkte ich, daß ich das blutige Messer noch in der Hand hielt und meine Kleider von den Tränen durchnäßt waren. Ich warf das Messer in eine Ecke und ging zu Bett. Bis zum Morgengrauen vergoß ich Tränen, bis ich vor Erschöpfung einschlief.

Danach hatte ich für eine Weile keine Träume mehr. Bis jener anrührende Duft und jener bezaubernde Blick mir an einem anderen Ort und in anderer Gestalt wieder begegneten.

Aus dem Persischen von Mohammad Jalali

Mehri Yalfani

❧❧

Samiras Einsamkeit

Geschlossenen Mundes irre ich durch die Täler der Stille.
Ahmad Shamlou

Samira blieb auf halber Höhe am Hang stehen. Ihr Herz pochte in der Brust, und sie schnaufte. Sie warf einen Blick auf das Ende der Steigung, die sehr steil war und ihr den Atem raubte. Der Rest ihrer fünfköpfigen Gruppe, zu der auch die achtjährige Nilufar zählte, blieb ein Stückchen weiter stehen. Alle drehten sich um und schauten zu Samira, die sich auf einen Felsbrocken gesetzt hatte. In dem Glauben, sie ruhe sich nur aus, warteten sie zunächst eine Weile auf sie. Turan und Hushang unterhielten sich.

„Samira!" rief Hussein.

Sein Ruf hallte im Tal. Aus der Ferne war sein Echo zu hören. Nun war seine Stimme dumpf und unverständlich. Samira drehte sich um und schaute zu ihnen hinüber. Sie bedeutete ihnen mit den Händen, daß sie weiterziehen sollten. Nilufar lief schnell zu ihr hinunter und kam zu ihr. Die reine Bergluft hatte ihrem kindlichen Gesicht noch mehr Frische verliehen.

Sie blieb bei Samira stehen und fragte: „Wieso sitzt du hier, Tante?"

„Sag ihnen, daß sie ruhig gehen sollen! Ich werde hier auf euch warten, bis ihr zurück seid", erwiderte Samira.

„Hast du keine Angst?"

„Angst? Warum sollte ich denn Angst haben? Nein, Liebste, es gibt keinen Grund, hier Angst zu haben", erwiderte Samira lächelnd.

Das Kind lief den Berghang hinauf. Die drei unterhielten sich noch. Als Nilufar sie erreicht und ihnen die Botschaft übermittelt hatte, rief Hussein erneut: „Nun komm schon! Es ist nicht mehr weit. Später tut es dir sonst leid."

Samira winkte mit den Händen. Husseins Stimme wurde diesmal in kurze, unverständliche Silben zerhackt und verhallte in der Ferne. Die vierköpfige Gruppe stieg den steilen Hang hinauf. Samira schaute ihnen eine Weile nach, dann wandte sie sich ab, da ihr Hals in dieser unbequemen Haltung schmerzte. Sie blickte geradeaus. Vereinzelt standen Bäume in der Steppe verstreut. Hinter ihr war die Sonne und vor ihr die Stille der Schatten am Nachmittag.

Alles war in Nachdenken und Verwunderung versunken. Im Westen, dort, wo die Sonne unterging, glitzerte die Trauerweide golden im schrägen Licht der Sonne. Die dichten Bäume waren in das Sonnenlicht getaucht. Vögel flatterten gelangweilt am klaren blauen Nachmittagshimmel. Man konnte ihren Flügelschlag hören. Die Stille beherrschte das ganze Feld und die ganze Aussicht Samiras. Je weiter sich die Gruppe entfernte, um so schwerer lastete die Stille. Die Sonne verbarg sich im Westen hinter den dichten Bäumen. Es war die Stille und nicht die Dunkelheit, die an die Stelle des blassen Lichts trat. Samira fielen Nilufars Worte ein. Angst ergriff sie. Sie stand auf. Die vier waren kaum noch zu sehen. So fern schienen sie ihr winzig und fremd. Sie konnte weder die Farben ihrer Kleider noch ihr Geschlecht unterscheiden. Nur Nilufar, die hinter ihnen her lief, konnte sie gut erkennen. Sie wollte nach ihnen rufen. Sie zögerte. Gewiß würde ihr Ruf in den Tälern verhallen und nicht zu ihnen dringen.

Sie setzte sich wieder auf den Felsen. „Es wird nicht lange dauern. Es ist nicht mehr weit bis zum Gipfel. Sie werden sich dort ein paar Minuten ausruhen und dann umkehren", sagte sie sich.

Sie schaute sich um. Die Stille wog nun so schwer, daß es ihr vorkam, als habe sie sich selbst in sie aufgelöst und würde niemals mehr einen Ton von sich geben. Sie liebte die Stille, die sie in ihrer Umgebung in der Stadt nicht finden konnte. Manches Mal stand sie mitten in der Nacht auf, um der Stille zu lauschen. Aber nirgends, weder zu Hause noch auf der Straße oder wo sie sonst war, spürte sie die Stille. Alles war voller Laute. Diese Laute drangen bis ins Innerste ihrer Seele und ihres Körpers. Mitunter hatte sie das Gefühl, als seien ihre Seele und ihr Körper so sehr mit Lauten überfüllt, daß sie kurz davor standen zu explodieren. Im Kreise ihrer Freunde war sie meistens stumm. Sie glaubten, sie höre ihnen zu. Und sie wurde in der Umzingelung der Stimmen, die sie von allen Seiten attackierten, rastlos.

In diesen zwei Tagen, in denen sie Zuflucht bei der Natur gesucht hatte, war es allein die Stille der Felsen, der Bäume und auch der niedrigen und der hohen Berge, die sie bezauberte. Sie wunderte sich über ihre Freunde, die alle Erscheinungen der umliegenden Natur bewunderten. Sie fanden so viele Worte, um dem Sonnenuntergang zu huldigen. In langen Sätzen brachten sie ihre Bewunderung zum Ausdruck. Sie priesen die Bäume in jeder Hinsicht, sie priesen den Flug der Vögel, die mit Sternen übersäte Nacht und auch den Sonnenaufgang. Jede Erscheinung der Natur animierte sie zu ausschweifenden Sätzen. Keine einzige Sekunde hielten sie inne, sie wurden nicht eins mit der Stille des Felsens, des Baumes, des Himmels und der Sterne. Sie zog sich bei jeder Gelegenheit zurück und suchte die Vereinigung mit der Stille der Natur.

Sie bemerkte den Sonnenuntergang nicht. Die Farbe des Himmels hatte sich verändert. Im grauen Grund des Himmels, der noch ein paar Farbtupfer des Nachmittags trug, blinkten vereinzelt Sterne. Die Bäume waren in Verwunderung versunken. Vielleicht trugen sie schreckliche Gedanken im Kopf. Der Fels und die Erde waren noch stumm.

Samira schaute zum Berg hinauf. Die vier glichen vier Puppen. Es war nicht einmal zu erkennen, ob sie sich bewegten oder nicht. Sie glaubte nicht, daß sie es waren. Wieder versank sie in die Stille ihrer Umgebung. Sie erinnerte sich an Nilufars Worte und lachte innerlich darüber. Es war nichts zu befürchten. Es gab keine Gefahr von wilden Tieren. Nur die Dunkelheit trat einem Gespenst gleich aus allen Ecken des grünen Feldes hervor, trübte ihr Sichtfeld und ließ in ihrem Herzen die Angst aufkeimen.

„Wo war sie denn? Ich hatte doch zuvor keine Angst. Wo war denn diese Angst, die sich um mich legt wie ein Schleier?" fragte sie sich.

Als die Finsternis dichter wurde, gewannen die Geräusche an Kraft. Die Stille und die Verwirrung des Nachmittags wichen einem unverständlichen Geflüster. Es war nicht klar, woher es kam und worauf es gerichtet war. Sie spitzte die Ohren, um einzelne Laute verstehen zu können. Sie glaubte nicht an Gespenster. Nun wollte sie selbst die Dunkelheit nicht wahr haben. Sie sah nichts mehr, und es gelang ihr nicht, in Gedanken das Bild wieder zum Leben zu erwecken, das sie am Nachmittag gesehen hatte. Sie riß sich abermals zusammen, um nicht die Nerven zu verlieren. Sie sollte warten, bis ihre Freunde und ihr Mann vom Berg zurückkehrten und sie zum Zelt begleiteten. Die Zeit verstrich. Oder war sie vielleicht stehengeblieben? Die Zeit mußte vergehen. Der Stillstand der Zeit machte keinen Sinn. Die Dunkelheit hatte sie dem Raum und der Zeit entfremdet. Sie hatte sie dorthin geführt, wo für sie das Licht keinen Sinn machte.

Das Geflüster und das Wispern mochten von menschlichen Wesen stammen oder auch nicht. Es war Vogelgesang und zugleich das Zischen einer Schlange. Es verhinderte, daß ihre Wachsamkeit sie im Stich ließ. In den kurzen Pausen zwischen dem Geflüster vereinte sich die Stille mit der Dunkelheit und ließ sie noch wachsamer werden. Gäbe es nur die Stille, dann hätte sie ihre Gedanken und ihr unregelmäßig pochendes Herz unter Kontrolle bringen können. Sie fragte sich mehrmals dumm: „Habe ich Angst?"

Da sie niemals über das Wesen der Angst nachgedacht hatte, wollte sie nicht wahrhaben, daß sie wirklich Angst hatte. „Die Dunkelheit ist an allem schuld", sagte sie sich. „Die Dunkelheit bringt die Angst mit sich. Im Dunkeln wird selbst die Stille geheimnisvoll." Ihre Ohren waren sensibler geworden. Sie konnte selbst die Atemzüge der Erde hören. Dann vernahm sie Schritte. „Gott sei Dank, sie sind zurück!" dachte sie.

Wenige Augenblicke später saß Turan neben ihr. Sie wollte nach dem Verbleib der anderen fragen. Sie fragte nicht. Bestimmt folgten sie ihr. Turan legte ihr die Hände auf die Schultern und fragte: „Hattest du Angst?"

Sie lachte. Sie lachte aus ganzem Herzen.

„Angst? Wovor hätte ich mich denn fürchten sollen?"

„Vor der Dunkelheit."

„Vor der Dunkelheit? Vor der Dunkelheit braucht man sich doch nicht zu fürchten! Die Dunkelheit ist die Abwesenheit des Lichts. In der Dunkelheit ändert nichts sein Wesen. Der Fels bleibt ein Fels und der Baum ein Baum. Und der Fluß fließt auch weiter."

Wortlos ging Turan fort, oder sie verschwand. Samira hörte nicht einmal ihre Schritte. Es wurde wieder still. Dann hörte sie wieder Schritte den Hang herunterkommen. Diesmal setzte sich Hushang neben sie. Auch Hushang legte seine Hand auf ihre Schulter. Er wiederholte Turans Frage, erhielt die gleiche Antwort und verschwand im Dunkeln. „Was ist mit ihnen? Es wäre schön, wenn ich eine Taschenlampe dabei hätte und zum Zelt zurücklaufen könnte. Sind sie denn alle verrückt geworden, oder wollen sie mich in den Wahnsinn treiben?" Die Gespräche hatten ihre Angst einigermaßen vertrieben. Sie dachte für einen kurzen Moment an die Worte und vergaß ihre Angst. „So ist es eben! Die Angst kommt von der Gedankenlosigkeit. Sobald man nicht mehr an die Angst denkt, fürchtet man sich auch nicht mehr", dachte sie.

Und wieder hörte sie hastige Schritte den Hang herunterkommen. Sie spürte Husseins Hand auf ihrer Schulter. Wie ein Fremder stand ihr Mann an ihrer Seite. Sie fühlte seine vertraute Stimme und seinen Atem ganz nah. „Mit ihm werde ich zu den Zelten zurücklaufen. An seiner Seite habe ich keine Angst!" sagte sie sich.

Sie streckte die Hand nach ihrem Mann aus. In der Dunkelheit sah Hussein ihre Hand nicht. „Wieso seid ihr einzeln wie eine zerschlagene Armee zurückgekehrt?", wollte sie fragen. Aber sie sagte nichts. Sie hörte Hussein zu. Auch er stellte die gleiche Frage wie Turan und Hushang. Anstatt ihn dazu aufzufordern, mit dem Unsinn aufzuhören, gab sie die gleiche Antwort. Am Ende dieses Dialogs würde Hussein sie auffordern, ihn zu den Zelten zu begleiten, dachte sie. Aber auch Hussein verschwand wie ein Geist. Samira wollte diesmal schallend auflachen. Sie hätte am liebsten so laut gelacht, daß sie die Stille der Nacht zerstört und diejenigen, die den Hügel hinunterliefen, auf sich aufmerksam gemacht hätte, damit sie zurückkehrten und sie mitnahmen. Aber in ihrem Innern schmolz das Lachen wie eine Kerze. Nun hatte sie auch keine Angst mehr. Sie war zutiefst verwundert. Sie wunderte sich darüber, wie lächerlich und grausam die Menschen sein konnten. Als sie kurze Schritte und eine Stimme hörte, die ein Kinderlied sang, wußte sie, daß es Nilufar sein würde. Sie wunderte sich, wieso sie und die anderen das Kind vergessen und es in dieser Finsternis sich selbst überlassen konnten. Augenblicke später setzte sich Nilufar zu ihr. Sie legte den Kopf auf ihren Rock und sagte, sie sei müde und habe Angst. Samira wollte sie fragen, warum sie allein gekommen sei. Sie fragte nicht.

„Hast du keine Angst, Tante?" fragte Nilufar.

Samira strich dem Mädchen mit der Hand über das Haar, das feucht vom Tau war und sagte sich, daß diese Knospe noch geschlossen sei. Gott allein wußte, welchen Stürmen sie ausgesetzt sein würde, sobald sie erblühte.

Sie wunderte sich über ihre Wahrnehmung. Sie nahm das Mädchen in den Arm und sagte: „Schlaf, Liebstes! Ich werde dich zu den Zelten führen. Der Schlaf und die Stille sind die einzigen Geschenke auf dieser Welt. Wenn man sie den Menschen raubte, würden sie sich in Bestien verwandeln."

Schon bereute sie ihre Worte. Sie hätte das Kind nicht ängstigen sollen. Sie selbst hatte keine Angst mehr. Weder die

Stille, noch das Geflüster oder die Kälte, die bis zu ihren Knochen gedrungen war, lösten bei ihr Gefühle der Angst aus. Sie drückte das Mädchen fest an sich und spürte die Wärme seines Körpers.

Als sie zu sich kam, war auch das Mädchen aus ihrem Schoß verschwunden. Es hatte sich in einen unerreichbaren Traum verwandelt. Samira war fest davon überzeugt, daß alle sie vergessen hatten. Dann erblickte sie eine weibliche Gestalt, die ganz in Weiß gekleidet war. Die Frau tauchte mit zerzaustem Haar aus der Finsternis auf. Um sie erstrahlte eine Lichtaureole. Als sie Samira erreicht hatte, blieb sie stehen. Sie war nicht überrascht, in der Finsternis auf sie zu stoßen. Sie lächelte und setzte sich zu ihr. Samira wollte frage, wer sie sei und woher sie komme. Doch sie fragte nicht. Die Frau glich einem Gespenst. Samira hatte keinen Zweifel daran, daß sie ein Geist war.

„Du irrst dich. Ich bin kein Gespenst. Ich bin genauso wie du aus Haut, Fleisch und Knochen. Mein Haus steht dort unten im Tal. Wenn du genau hingesehen hättest, als es hell war, hättest du meine Hütte bestimmt gesehen. Ich gehe meinen Mann besuchen", sagte die Frau. Sie legte ihren Rucksack ab. „Ich bringe ihm etwas zu essen. Mein Mann lebt seit Jahren dort oben auf dem Berg. Er hegt große Träume. Er liebt es, die Nächte unter freiem Himmel zu verbringen und mit den Sternen zu reden. Er will die Menschheit erretten. Nacht für Nacht um diese Zeit ...", sie hielt kurz inne und deutete mit der Hand auf einen Stern am Himmel. „Jedesmal, wenn dieser Stern über dem Hügel steht, gehe ich ihn besuchen und bringe ihm Verpflegung."

„Kann ich ihn auch sehen? Ich wollte schon immer die Männer sehen, die die Menschheit erretten wollen. Sie sind vom Schlage der Propheten", sagte Samira.

„Hast du denn keine Propheten gesehen?" fragte die Frau. „Nein, muß ich denn welche gesehen haben?" erwiderte Samira.

„Ich bringe dich zu ihm. Du mußt aber wissen, daß das Jahre dauern kann. Du mußt dein ganzes Leben dafür opfern und wirst vielleicht doch nichts erreichen", sagte die Frau.

„Wenn ich mir um meinen Mann und meine Freunde keine Sorgen machte. Wenn ich wüßte, daß sie sich um mich keine Sorgen machen", erwiderte Samira.

„Wie ich sehe, ist dein ganzes Leben von Sorgen erfüllt. Du hattest keine Zeit für die Begegnung mit den Propheten", sagte die Frau und fügte gelangweilt hinzu: „Kommst du nun mit mir, oder willst du die ganze Nacht hier auf dem Berg auf deine Freunde warten? Du solltest aber wissen, daß diese Berge ..."

„Nein, ich will doch lieber hier warten. Mein Elend besteht darin, daß ich an keine Propheten glaube. Wenn du mir helfen willst, solltest du mich lieber zu meinem Zelt zurück führen", sagte Samira.

„Ich lebe seit Jahren in dieser Gegend und habe hier noch nie Zelte gesehen. Ich kenne diese Gegend wie meine Westentasche. Hier hat bis jetzt noch niemand ein Zelt aufgeschlagen. Es ist kein Ort für einen Sommer- oder Wintersitz."

„Wenn ich mich nicht irre, ist diese Frau ein Geist und kann die Wirklichkeit nicht wahrnehmen", sagte sich Samira. „Was wird jetzt aus mir? Wie lange soll ich noch in dieser Dunkelheit warten? Wie lange dauert die Nacht noch?" fragte sie.

„Diese Nacht wird ewig dauern. Deine Freunde werden die ganze Nacht nach dir suchen, aber sie werden dich nicht finden. Du hast keinen anderen Ausweg, als eins zu werden mit der Nacht und der Stille. Hast du etwa nicht diesen Wunsch gehegt?" sagte die Frau.

„Wenn ich gewußt hätte, daß dieser Wunsch mir solch ein Schicksal beschert!" antwortete Samira.

„Du bist glücklich, daß sich dein Wunsch erfüllt hat. Weißt du eigentlich, daß auf dieser Welt Millionen Menschen nur für ihre Wünsche leben", entgegnete die Frau.

Sie konnte in dem sie umgebenden Schein ihr Gesicht nicht erkennen. Es gelang ihr nicht, herauszufinden, wie alt sie war. Vielleicht hundert oder tausend oder vielleicht auch nur zwanzig oder dreißig Jahre alt. In diesem Moment besaßen weder das Alter noch die Schönheit eine Bedeutung. In ihrem Innern formte sich etwas Neues. Es schien, als entferne sie sich von sich selbst. Sie entfernte sich von ihrem Körper. Sie wurde innerlich leer. Sie spürte die Last der Zeit auf ihren Schultern. Nur mit Mühe stieß sie Atemzüge aus. Selbst die Stimme der Frau, die neben ihr saß, konnte sie nur schwer hören. Es war wie ein Geflüster. Dann sah sie sie nicht mehr. Sie ging oder verschwand in der Dunkelheit. Auch Samira gab es nicht mehr. Sie war eins geworden mit den Steinen und der Erde, mit den Bäumen und mit den Atomen der Luft.

Sie vernahm die Atemzüge der Erde. Sie spürte das Geflüster. Eine Brise streichelte ihren Körper. Die Erde lebte und drückte sie fest an sich. Sie war zugleich in Teilchen aufgelöst und in der Luft verstreut. Sie war eins geworden mit der Erde. Sie spürte die Last der Schritte Husseins auf ihrem Körper. Sie hörte in der Dunkelheit seine Stimme, die verzweifelt nach ihr rief. Sie hörte die Stimmen von Turan und Hushang. Auch die kindliche Stimme Nilufars hörte sie, die sie herbeiflehte. Die Stimmen hallten in jeder einzelnen Zelle ihres Körpers wider. Sie selbst aber hatte keine Stimme. Wie der Stein und wie die Erde war sie stumm.

Jahre später begegnete Hussein Samira auf der Straße und erkannte sie. Die Frau war alt geworden. Ihr Haar war grau und ihre Haut runzlig. Sie lief auf dem Gehweg einer belebten Straße einher. Hussein folgte ihr. Als Samira an einer Kreuzung wartete, bis die Ampel auf grün sprang, holte er sie ein, stellte sich zu ihr und flüsterte ihr leise ins Ohr: „Samira!"

Die Frau schaute den Mann kurz an und erkannte ihn nicht wieder. Sie setzte ihren Weg fort. Hussein zweifelte an der Richtigkeit seiner Vermutung.

Aus dem Persischen von Mohammad Jalali

Goli Taraghi

Mein Haus im Himmel

Es war ein schlimmer Sommer. Heiß. Ohne Wasser, ohne Strom. Krieg, Angst und Finsternis überall. Wie in einem Alptraum nahm Massud D. verwirrt, benommen und gehetzt, seine Frau und die Kinder bei der Hand und machte sich mit ihnen auf nach Europa. Ohne sich je Gedanken darüber gemacht zu haben, ohne zu wissen, was sie dort erwartete. Vernunft, Bedachtsamkeit und Weitsicht waren nicht seine Sache. Er wollte sich mit niemandem darüber beraten, nicht mit jenen, die mehr Erfahrung hatten, die wußten, was ein Umzug, eine solche Veränderung, bedeutete, und auch nicht mit jenen, die an die Tradition und die Verwurzelung glaubten, und die mit ihrem Hierbleiben allein ihren Gefühlen folgten.

Massud D. haßte den Krieg. Und er fürchtete den Tod. Die nächtliche Ungewißheit raubte ihm Ruhe und Kraft, die schmerzende Angst im Morgengrauen peinigte ihn. Er mußte einfach gehen, er mußte fliehen, sich an einem sicheren Ort niederlassen. An einem Ort weit weg vom Wüten der Bomben und der Explosionen. Und weit weg von der Möglichkeit des Sterbens und ... Er regelte alle Angelegenheiten blitzgeschwind und in aller Stille. Er verscherbelte den Hausrat und verkaufte das Haus zu einem Spottpreis an den Erstbesten. Nachdem er die Visa und die Flugtickets besorgt und seine Siebensachen gepackt hatte, fiel just in dem Moment, als sie dabei waren, aufzubrechen, seine Aufmerksamkeit auf seine alte Mutter, wie bei einem Fiebernden, und er fühlte den Boden unter seinen Füßen schwinden. Die Frage war, was mit ihr geschehen würde. Es war wie ein Schlag in die Magengrube, er fühlte sich so elend, daß für einen Augenblick Krieg und Tod aus seinen Gedanken verschwanden. Und er blieb.

Mehynbanu hatte die ganze Zeit über nur zugeschaut, ohne eine Frage zu stellen. Ohne zu protestieren. Sie hatte gesehen, wie er ihr Hab und Gut verkaufte, und sie hatte geschwiegen. Sie hatte zugesehen, wie die fremden Menschen durch ihre Zimmer liefen und hatte kein einziges Wort verloren. Sie hatte in einer Ecke auf dem Teppich aus Täbriz - einem Andenken an ihre Ahnen - gesessen und hatte mit der Hand traurig über die samtweichen Blumen und goldenen Ornamente des Teppichs gestrichen. Das war vor wenigen Tagen gewesen. Die letzte Berührung ihrer Finger zum Abschied von diesem vertrauten alten Gegenstand war wie das Streicheln über einen lauwarmen Körper in den letzten Sekunden vor seinem Tod. Sie hatte ihre Finger in die Fransen der Tischdecke gekrallt, um sie noch einen letzten Augenblick lang festzuhalten. Ihre Blicke waren den edlen Porzellanschalen gefolgt, die von Hand zu Hand gingen, der russischen Stehlampe, die gerade einen Käufer gefunden hatte. Sie hatte sagen wollen: „Nein, das Kaschmirtuch und den Hochzeitsspiegel gebe ich nicht her!" Sie hätte am liebsten etwas versteckt. Aber sie hatte nichts gesagt. Sie hatte in ihrer Ecke gesessen, schweigend, unsichtbar, voll innerer Verletzungen. Sie war Zeugin des Verschwindens der Wanduhr, des Tisches und der Stühle, des Porzellans und der vergoldeten Bilderrahmen. Es war wie der traurige Aufbruch der Kinder einer alten Mutter in eine fremde Stadt. Sie hatte geahnt, daß ihr eine schlimme Zeit bevorstand. Sie hatte es hingenommen. Sie hatte ihrem Sohn keine Vorwürfe gemacht. Sie selbst hatte ihm viele Jahre zuvor das Haus überschrieben. Sie hatten miteinander vereinbart, daß es vor ihrem Tod nicht verkauft würde. Doch die Vereinbarung war alt, sie stammte von früher, aus der Zeit vor der Revolution und dem Krieg, vor der Angst, dem Zittern und der Verzweiflung der Kinder. Mehynbanu wünschte sich nichts anderes als Gesundheit und Glück für ihren Sohn und für ihre Tochter, die mit einem Engländer verheiratet war und nicht in Teheran lebte. Sie war bereit, den Teppich unter ihren Füßen herzugeben. Sie hatte ihn ja schon hergegeben. Sie war bereit, ihr Leben zu geben. Aber das verlangte keiner von ihr. Ihre Kinder liebten sie. Massud D. war noch niemals auf die Idee gekommen, seine alte Mutter allein zu lassen und zu fliehen oder sie ohne ein Dach über dem Kopf in Gottes Hand zu geben, nur, um seine eigenen Ziele zu verwirklichen. Aber in dieser Wirrnis, in Krieg und unter Bombardements, wo der Tod hinter jeder Ecke lauerte, hatte er den Kopf verloren und fühlte sich für sein Tun nicht mehr verantwortlich. Mehynbanu wußte das. Ihr Schweigen und ihre Unterwürfigkeit, ihre Zustimmung zu dem, was er tat, wurzelten im mütterlichen Verständnis. Und doch hatte sie geweint, sehr sogar. Verborgen vor den Augen der anderen und weit weg. Nachts, im Dunkeln unter der Bettdecke, tagsüber im Bad hinter der verschlossenen Tür. Und hinter den riesigen Föhren. Sie liebte sie, die Kaschmirtücher, die Teppiche, die Antiquitäten. Sie liebte sie, diese Andenken an ihren Vater und ihren Mann, an die schönen Tage ihrer Jugend. Sie war mit ihnen alt geworden. Es bestand eine uralte Vertrautheit zwischen ihnen. Ihre Erinnerungen füllten dieses Zimmer wie Tausende verstreuter Bilder, die in der Luft hingen. Ihre Fußspuren im Hof, die Spuren ihrer kindlichen Hände waren auf dem Pflaster und an den Wänden verewigt. Außer diesem Haus gab es keinen Platz für sie auf der Welt. Und zugleich sah sie, daß es, nun, da sie dieses Haus nicht mehr besaß, keinen Platz auf dieser Welt für sie gab. Sie hatte den Boden unter den Füßen verloren. Sie schwebte nun in der Luft. Am liebsten hätte sie wie eine Katze, die krank ist und sich anschickt zu sterben, den Kopf gesenkt und wäre so fortgegangen, entschwunden. Aber sie sah, daß sie wohlauf war und es nicht an der Zeit war zu sterben. Ihre Gebrechlichkeit stammte von den anderen. Von ihren erbarmungslosen Blicken und ungerechten Urteilen, die sie älter machten als sie war. Sie rieben ihr die Jahre, die vergangen waren, unter die Nase. Das Bild, das sie von sich hatte, war jung. Es war das Bild, das der alte Spiegel zeigte. In ihrer schönen Erinnerung an die vergangenen Zeiten. Sie sah der Zukunft erwartungsvoll entgegen, dem Frühling und dem

Sommer. Sie hatte Tausende Wünsche für ihre Kinder und Enkel. Vierundsiebzig, sechsundsiebzig Jahre oder mehr? Das rechneten ihr die anderen vor. Sie schätzten ihren Geburtstag und ihr Hochzeitsdatum für sie. Sonst hätte Mehynbanu sich nicht einmal wie eine Vierzigjährige gefühlt. Jetzt, ohne Status, ohne Haus, wußte sie nicht mehr, an welchem Zeitpunkt des Lebens sie sich befand. Wer war sie? Wo war sie? Was hatte sie zu tun? Irgend etwas Neues war aufgetaucht, von außerhalb des Universums, wie eine Sternschnuppe. Sie war verbannt, ausgesetzt in einem Winkel des Himmels. Sie wünschte sich, nicht zu existieren. Doch der Tod war fern. Ihre Füße suchten festen Halt. Ihr Körper sog die Sonnenstrahlen auf. Ihre Gedanken waren mit Tausenden unsichtbarer Schnüre mit den süßen Ecken und Winkeln des Lebens verknüpft.

Die Abmachung lautete, daß Mehynbanu für ein paar Wochen oder vielleicht auch zwei, drei Monate bei ihrer Schwester unterkäme, bis Massud D. sich in Paris etabliert, das heißt, eine Wohnung und eine Arbeit gefunden hätte. Wenn sein Leben in geregelten Bahnen verliefe, würde er bei passender Gelegenheit gelassen und heiter seine Mutter nachkommen lassen. Ihre Tochter hatte auch ein Herz für sie. Trotz ihres knappen Einkommens und der hohen Lebenshaltungskosten rief sie in regelmäßigen Abständen aus London an und lud ihre Mutter zu sich ein. Der englische Schwiegersohn war ein netter Herr, der seine Schwiegermutter gerne aufgenommen hätte. Aber sie mußte noch warten. Es würde schon wieder werden. Vielleicht würde es sogar noch besser sein als früher. Mehynbanu war eine duldsame und vernünftige Frau. Ihre Kinder hatten ihrer Vernunft viel zu verdanken.

Die ersten beiden Wochen waren schwer. Die Eingewöhnung an dem neuen Ort fiel ihr nicht leicht. Mehynbanu war es nicht gewohnt, die Nacht in einem fremden Bett zu verbringen. Ihr fehlten ihr eigenes Zimmer und ihr Bett. Sie vermißte die Schritte der Nachbarn, ihr Kommen und Gehen in der Gasse. Sie war süchtig danach, süchtig sogar nach den vertrauten Küchengerüchen, süchtig selbst nach der muffigen Luft im Treppenhaus, nach dem Duft des Geißblattes, das um ihr Fenster rankte, nach der weißen Pappel, die so alt war wie ihr Vater und immer da. Ihre Schwester war nett und gastfreundlich. Ihr Schwager, Dr. Yuness Khan, war mit sich selbst beschäftigt. Er war schwermütig und einsam, es bekümmerte ihn, daß seine Kinder fort waren. Alle seine sieben Kinder hatten Iran nach der Revolution verlassen. Sein ältester Sohn war in Australien. Ihn zu erreichen, war unmöglich. Seine beiden Töchter (die Lieblingszwillinge) waren in den Staaten. Der mittlere Sohn pendelte zwischen Singapur, Thailand und Japan hin und her. Der jüngste Sohn hatte in letzter Zeit ständig seinen Aufenthaltsort gewechselt. Seine übrigen Töchter waren kanadische oder indische Staatsangehörige geworden, oder sie befanden sich in irgendeinem unbekannten Land in Afrika, wie Dr. Yuness Khan vermutete, aber er war sich nicht ganz sicher, er fürchtete, sein Gedächtnis lasse ihn langsam im Stich.

Die beiden Schwestern verstanden sich hervorragend, so war Massud beruhigt, er konnte ein gutes Gewissen haben. Er wußte, daß seine Mutter bei ihrer Schwester gut aufhoben sein würde, und so war es auch, bis die nächtlichen Bombenangriffe, der verdammte Raketenbeschuß, Dr. Yuness Khan völlig die Ausgeglichenheit und seine innere Ruhe raubten. Er kam auf merkwürdige Ideen, er hegte plötzlich Verdacht gegen alle und jeden, völlig grundlos. Er lauschte an Türen. Er durchwühlte heimlich die Tasche seiner Frau oder seiner Schwägerin. Er versteckte die meisten seiner wertlosen Dinge, und dann vergaß er, wo er alles versteckt hatte. Er war sicher, daß es Mehynbanu war, die sein Feuerzeug oder seine Brille eingesteckt hatte. Als er das zu seiner Frau sagte, widersprach sie ihm heftig, und es kam zu einem gewaltigen Streit zwischen den beiden. Mehynbanu saß zusammengekauert an der Tür, ihr war das alles äußerst peinlich. Sie zählte ungeduldig die Tage, sie hoffte, bald nach Europa aufzubrechen und dort bei ihren Kindern endlich ein geregeltes Leben zu finden. Dr. Yuness Khan tat ihr auch leid. Sie wußte, daß er nichts dafür konnte. Sie beklagte sich mit keinem Wort darüber, als er eines Tages ihren Finger in der

Tür eingeklemmt hatte, woraufhin sie den Fingernagel verlor, und auch nicht, als er eines Nachts in ihr Zimmer kam, sie aufweckte und dann auf der Suche nach seinem Ring ihre Taschen und ihr Bett durchwühlte. Sie sagte sich, diese ganzen Unannehmlichkeiten würden vorübergehen. Sie dankte Gott, daß ihre Kinder gesund waren und sie selbst, trotz all dieser Vorkommnisse, lebte und bei klarem Verstand war.

Endlich kam der viel beschworene Tag. Mehynbanu glaubte zu träumen. Vor Freude ließ sie ihren Tränen freien Lauf, obwohl sie nicht so leicht vor anderen weinte. Nein, sie war wirklich völlig außer sich. Sie würde ihre Enkelkinder in die Arme schließen! Sie konnte weder schlafen noch ein wenig zur Ruhe kommen. Obwohl sie die ganze Zeit auf dem Flughafen stehen mußte, trotz all der zermürbenden Formalitäten beim Zoll und dem Durchwühlen ihrer Koffer, obwohl sie ihre Brille und die Medikamente vergessen hatte, trotz ihrer Schmerzen in den Beinen, dem plötzlichen Schwindelanfall, der Aufregung und der Übelkeit im Flugzeug, war sie von Herzen froh. Wenn sie die Gelegenheit hatte, wollte sie gern den ganzen Tag lang reden, die Schwiegertochter und die Enkelkinder küssen und in der winzigen Wohnung, winzig wie ein Mauseloch, hin und her laufen. Voller Spannung wie sie war, lagen ihr tausend Fragen auf der Zunge.

Sie mußten Mehynbanu lange drängen, bis sie sich darauf einließ, zweimal im Kinderzimmer zu übernachten. Sie legten die Kinder im Wohnzimmer schlafen. Sie flüsterten ihnen ins Ohr, die Großmutter sei von der langen Reise erschöpft, sie täte einem leid. Später würde sie dann nicht mehr dort schlafen, und sie würden ihr Zimmer bald wieder für sich haben.

Als Mehynbanu das Schweigen und die muffeligen Gesichter der Kinder sah, verkrampfte sich ihr Herz. Sie wollte etwas sagen, aber sie wagte es nicht. Auch war ihre Erschöpfung so groß, daß alle ihre Glieder schmerzten. Sie schlief sofort ein, kaum daß sie sich hingelegt hatte, sie schlief wie eine Tote. Früh morgens aber wachte sie auf, und sie fühlte sich, als habe ein Stück Blei auf ihrer

Brust gelegen. Es war eine Art von Scham und Schmach, gemischt mit schlechtem Gewissen, die sich wie ein Schmerz in ihrem ganzen Körper ausbreitete. Die muffeligen Blicke ihrer Enkel wurden allgegenwärtig. Ihr Zimmer besetzt zu haben, bereitete ihr Mißmut und Unbehagen, als habe man ihr Stiche versetzt, ihr zwischen Kopfkissen und Matratze lauter Nadeln gelegt. Sie hätte lieber im Flur, neben einer Tür oder in der Hocke neben dem Sessel geschlafen, aber nicht das Bett eines anderen besetzt. Am dritten Tag wiesen sie ihr einen anderen Schlafplatz zu, und Mehynbanu fühlte sich erleichtert. Sie besorgten ihr eine Matratze, die sie nachts im Wohnzimmer auslegte und tagsüber unter der Couch verstaute. Ihre Koffer bewahrte sie in der Küche auf, die Handtasche schleppte sie überall mit sich herum. Die Schränke waren so mit Kleidern vollgestopft, daß man die Türen kaum zu bekam. Unter den Betten war alles voller Sachen. Man konnte sich kaum bewegen. Mehynbanu hatte ihr Leben lang in den großen, sonnigen Zimmern mit Blick auf den Garten und die Blumenbeete, mit Blick auf den Himmel und die Sonne, gelebt. Ihre Zimmer hatten Schränke und dazu noch Abstellräume. Man konnte Hunderte Koffer auf dem Speicher und einen Lastwagen voller Sachen im Keller unterbringen. Nun, das war Vergangenheit. Das Leben hatte schließlich Höhen und Tiefen. In einer Ecke im Wohnzimmer zu schlafen, war nicht unbedingt uninteressant, aber der Straßenlärm war sehr störend, insbesondere die Metro, die ganz dicht am Haus vorbeifuhr und jedesmal die Fensterscheiben erzittern ließ. Doch Mehynbanu hatte sich von Anfang an gesagt, das Leben in Europa sei halt so, und es gebe keinen Anlaß zur Klage. Gott sei Dank, daß sie nun bei den Kindern war und ihr Leben wieder in geregelten Bahnen verlief.

Die Enkelkinder waren mit ihrem Leben zufrieden. Sie gingen gern zur Schule und hatten dort jede Menge arabische und portugiesische Schulfreunde gefunden. Wenn einmal gefeiert wurde, war Mehynbanu gezwungen, eine neue ruhige Ecke zum Schlafen zu finden. Aber wo? Es war eine Drei-Zimmer-Wohnung mit einer länglichen, schmalen Küche, einem kleinen Bad und einer Toilette. In dem Schlafzimmer des Ehepaars wollte sie nicht schlafen, ganz gleich, wie oft ihr Sohn es ihr anbot und wie sehr ihre nette Schwiegertochter ebenfalls darauf bestand. Im Kinderzimmer gab es kaum Platz. Die beiden Betten standen dicht nebeneinander, es lagen einige Bücher, Schuhe, Tennisschläger und Bälle herum. So kam nur noch die Küche in Frage. Sie hatte nichts dagegen, wieviel Platz benötigte Mehynbanu schon? Sie war kaum größer als ein Kind, dürr und gebrechlich wie sie war, hätte sie selbst in den Schrank oder auch unter das Bett gepaßt. Ein paar Nächte hatte sie sogar versucht, in der Badewanne zu schlafen, und sie war auch darin eingeschlafen. Aber ihr Sohn hatte sich furchtbar aufgeregt und sie mit großer Mühe dazu überredet, im Schlafzimmer neben seiner Frau zu schlafen. Diese Nächte waren für Mehynbanu die schlimmsten ihres Lebens, sie schämte sich so vor ihrer Schwiegertochter. Sie lag auf der Bettkante, so weit am Rand, daß sie bei der kleinsten Bewegung heruntergestürzt wäre. Sie konnte kaum ein Auge zumachen. Die Bettdecke zerrte an ihrem Körper. Sie kauerte sich so zusammen, bis sie einem kleinen Ball glich, den man von einer Seite des Zimmers zur anderen rollen konnte. Ihre Schwiegertochter hielt es drei oder vier Nächte lang aus, dann gab sie ihrem Mann sanft zu verstehen, daß dieser Zustand auf die Dauer nichts sei. Massud D. reagierte trotz seiner Vernunft und Bedachtsamkeit aus unbekanntem Grund hitzig, er schrie sie an, und jeder konnte es hören. Es kam zu einem Wortgefecht zwischen den Ehepartnern, sie warfen einander Dinge an den Kopf, die bislang noch keiner von ihnen vernommen hatte. Mehynbanu wäre am liebsten gestorben. Sie verfluchte sich selbst, daß sie solche Aufregung in das Leben einer Familie brachte. An jenem Tag beschloß sie, fortzugehen. Sie packte ihren Koffer, schlüpfte in Jacke und Schuhe, setzte sich auf einen Stuhl im Flur und wartete. Sie wartete, bis sich ihr Herzschlag wieder beruhigt hatte und sie in der Lage war, einen klaren Gedanken zu fassen. Wohin konnte sie überhaupt gehen? Sollte sie zurück nach Teheran? Das wäre das Beste.

Sie konnte zu ihrer Schwester gehen. Wieder zu Dr. Yuness Khan mit seinen Verrücktheiten? Nein! Das war unmöglich. Sollte sie zu ihrer Kusine gehen? Doch es fiel ihr ein, daß diese vor zwei Monaten gestorben war, und sie fing erst jetzt an zu flennen. Sie konnte zu ihrem Cousin gehen, oder zu ihren Nichten und Neffen. Die waren in die Staaten ausgewandert. Sie konnte auf den Friedhof, zum Teufel, gehen. Sie konnte betteln oder sich irgendwo als Dienstmädchen verdingen, aber die Hauptsache war, daß sie in ihrem eigenen Land war, wo sie sich aufs Ohr legen und einfach sterben konnte. Nein, hier war nicht ihr Platz. Es war unmöglich! Glücklicherweise rief Mehynbanus Tochter Manije, die dort in Europa Meggy genannt wurde, aus London an und bat darum, ihre Mutter noch am selben Tag unverzüglich ins Flugzeug zu setzen und sie zu ihr nach London zu schicken. Am selben Tag und auf der Stelle ging es zwar nicht, aber eine Woche später brachten sie Mehynbanu doch zum Flughafen. Mehynbanu fühlte sich wie ein aus dem Käfig befreiter Vogel, neu beflügelt. Das Flugzeug war wie ein Haus, es war warm, man war geschützt. Und sie hatte einen Sitz ganz für sich allein. Der Platz war nur für sie reserviert, niemand konnte ihn ihr streitig machen. Hätte man ihr auf der Erde solch einen Sitz oder nur einen Platz, groß wie eine Handfläche, zugeteilt, und wäre sie sicher gewesen, daß er nur ihr allein gehörte, so hätte es ihr im Großen und Ganzen gereicht. Sie verzehrte ihren Imbiß mit großem Appetit. Dabei dachte sie an Naneh Khanom, die ihr das Essen auf einem Tablett serviert hatte. Damals war sie wer gewesen, und sie hatte Ansehen genossen. Sie hatte sehr lange geweint, als sie erfuhr, daß Naneh Khanoms Enkel im Krieg gefallen und ihr Sohn im Irrenhaus gelandet war. Wenn das alles nicht passiert wäre, wäre alles anders gekommen. Massud D. hatte vorgehabt, irgendein kleines Haus für sie zu mieten und ihre Pflege Naneh Khanom zu überlassen. Das wäre die beste Lösung für alle gewesen, für ihn selbst wie für seine Mutter. Aber wer wußte schon, was morgen sein würde? Der Enkel von Naneh Khanom bekam eine Bombe auf den Kopf und war auf der Stelle erledigt. Dann waren ein paar Leute aus der Stadt Sabzewar gekommen und hatten einen Trauerzug veranstaltet, selbst aus dem Revolutionskomitee und von der Stiftung der Märtyrer kamen einige, es gab jede Menge Beileidsbekundungen und zugleich Glückwünsche zum Märtyrertum, wie es eben üblich war. Sie nahmen Naneh mit und brachten sie in ihr eigenes Dorf. Man stellte ihr ein Zimmer zur Verfügung, und dazu erhielt sie eine monatliche Rente von der Regierung. So sollte sie für immer dort bleiben. Dies alles war geschehen, bevor Mehynbanu zur ihrer Schwester zog.

Meggy bzw. die ehemalige Manijeh umarmte ihre Mutter so leidenschaftlich und drückte sie so fest an sich, daß Mehynbanu teils vor Freude, teils vor Schmerzen stöhnte. Ihr Schwiegersohn küßte sie auch und schüttelte ihr herzlich die Hand. David Oakley war ein guter Mann. Er hatte jüdisches Blut in den Adern und war sehr warmherzig. Mehynbanu war mit der Heirat ihrer Tochter mit einem englischen Juden nicht ganz zufrieden. Lieber hätte sie es gesehen, wenn ihre Tochter einen moslemischen Iraner geheiratet hätte. Aber sie brachte es nicht zur Sprache. Sie mischte sich nicht in die Angelegenheiten ihrer Kinder ein, aber irgendwie hatte es sie doch bedrückt. Diese Bedenken waren auf einmal wie fortgewischt, als sie die offenen und freundlichen Augen von David Oakley sah. Sie hakte sich bei ihm in seinen kräftigen männlichen Arm ein und lachte aus vollem Herzen. Nun fiel ihr auf, wie klein und schmächtig sie war. Sie reichte ihrem Schwiegersohn mal eben bis zur Taille. Sie war wie ein Küken, sie wog gerade mal vierzig Kilogramm mit ihren morschen dünnen Knochen.

Es regnete und war kalt. David Oakley hatte ein Auto. Er verstaute ihren Koffer im Kofferraum und klopfte Mehynbanu kräftig auf die Schulter. Meggy setzte sich zu ihrer Mutter und legte den Kopf auf ihre Schulter. Sie flüsterte ihr ins Ohr, sie wolle sie nie wieder nach Paris oder Teheran gehen lassen. Mehynbanus Herz pochte vor Freude über diese ungeheure Freundlichkeit heftig in ihrer Brust. Sie schloß die Augen und schlief ein, doch es war ein traumloser Schlaf.

Die Wohnung von Meggy und David befand sich im vierten Stock, ohne Aufzug. Mehynbanu war müde und schläfrig. Ihr war schwindelig. Da nahm David Oakley seine Schwiegermutter, die leicht wie eine Feder war, auf den Arm und trug sie nach oben. Mehynbanu schrie und machte sich stocksteif. Meggy lachte. David Oakley schien auch recht munter zu sein. Seine Schwiegermutter wie eine Holzpuppe in den Armen haltend, stieg er die Stufen hinauf. Mehynbanu zuckte nicht mal mit der Wimper. Sie konnte es einfach nicht fassen. Sie wußte nicht, ob sie lachen, weinen oder schreien sollte. So etwas war ihr noch nie in ihrem Leben widerfahren. Sie war außerstande, natürlich und schlagfertig darauf zu reagieren. Sie hatte das Gefühl, nicht mehr sie selbst zu sein. Sie hatten sie in einen Staubsauger oder in einen Stuhl, den man gerade gekauft hatte, verwandelt. Das Gefühl, ein Staubsauger zu sein, war ein neues Erlebnis in einer neuen Welt.

Meggys Wohnung war noch kleiner als die Wohnung ihres Bruders, es war eine Zwei-Zimmer-Wohnung, aber sie hatten ja auch kein Kind, dafür aber einen großen struppigen Hund, so groß wie Mehynbanu. David Oakley war ein vernünftiger Mann, was immer er tat und dachte, war von vorn bis hinten durchkalkuliert. Er ließ sich nicht von Gefühlen leiten. Er handelte bedacht und pragmatisch. Sie hatten alles so geregelt, daß Mehynbanu im Wohnzimmer auf der Couch schlief, und wenn sie Besuch hatten, würde sie sich auf ihr Bett legen, dort konnte sie dösen und warten. Sicher war das keine besonders gute Lösung, aber was konnte man sonst tun? Mehynbanu hatte keine Einwände, sie hatte niemals Einwände, und wenn sie welche hatte, wußte sie schon, daß es jetzt nicht der richtige Moment für Einwände war. So war das Leben für alle einfacher.

David Oakley war Dozent, er lehrte Ökonomie. Er hatte eine sehr exakte Buchführung für den ganzen Haushalt. Mehynbanu war glücklicherweise nur so groß wie ein Küken, und sie versuchte sogar, beim Essen noch weniger als ein Küken zu sich zu nehmen. Meggy besuchte die Universität und studierte Buchhaltung. Das Ehepaar ging morgens früh aus dem Haus und kam erst am Abend erschöpft zurück. Dann hatten sie keine Lust auf eine Unterhaltung, und wenn sie sprachen, dann ging es immer wieder um die stetig steigenden Lebenshaltungskosten. Mehynbanu besaß kein Geld. Gleich am ersten Tag hatte sie ihrer Tochter ihre goldenen Armreifen und die Ohrringe mit den Edelsteinen gegeben, damit sie sie verkaufe. Meggy hatte abgelehnt: „Nein, das kann ich nicht!" Aber ihr Mann hatte gesagt: „Das macht doch nichts." Meggy hatte geheult und geweint und gesagt: „Nein." Schließlich hatte sie eingewilligt, aber wirklich schweren Herzens und unter Anleitung ihres Mannes.

Mehynbanu hatte gelernt, mit sich selbst zu sprechen. Sie verstand die Sprache ihres Schwiegersohnes nicht. Meggy mußte mit ihrem Mann auf englisch reden oder gar nicht. Das Abendessen verzehrten sie schweigend. Meggy lernte, und David Oakley las die Zeitung, Seite für Seite. Dann sahen sie alle drei zusammen fern. Ob ein kulturelles oder wissenschaftliches Programm oder eine Talkshow, für Mehynbanu machte das keinen Unterschied, sie glotzte auf die Mattscheibe, aber weder verstand, noch sah sie irgend etwas. Sie war versunken in ihre Erlebnisse in einer anderen Zeit an einem anderen Ort. Tagsüber war sie auch allein. Sie räumte auf und putzte die Wohnung, sie beschäftigte sich mit den beiden Topfblumen, die auf der Fensterbank standen, und stundenlang starrte sie in den endlosen Regen und den düsteren Himmel. Aus Angst vor David Oakleys Hund hielt sie sich die meiste Zeit im Schlafzimmer auf, bis ihre Tochter zurückkam. Manchmal ging sie aus dem Haus, wenn das Wetter es erlaubte. Dann setzte sie sich in dem Park gegenüber dem Haus auf eine Bank, wobei sie vor Kälte am ganzen Körper zitterte. Der Winter war sehr kalt in diesem Jahr. Sie zog sich eine Erkältung zu. Zuerst schmerzte ihr Hals, dann griff es auf ihre Lunge über, und sie hustete so heftig, als wolle sie am Ende erbrechen. Schlimmer war, daß ihr Husten den Nachbarn störte und er gegen die Wand klopfte. Mehynbanu steckte ihren Kopf unter die Decke, sie stopfte sich das Laken in den Mund und versuchte so, den Husten zu unterdrücken.

Dann kam der Frühling, und alles änderte sich. Ein paar Sonnenstrahlen brachen durch die Wolken und ließen ihr Herz höher schlagen. David Oakley nahm sich drei Tage frei und machte mit seiner Frau und seiner Schwiegermutter einen Ausflug, der allen gefiel. Meggy kaufte ihrer Mutter Stärkungsmittel. Mehynbanu nahm sogar zwei Kilo zu. Sie dankte Gott von ganzem Herzen. Aber der Dank war noch nicht ganz bei Gott angekommen, als das Blatt sich wendete. Es war zu Anfang des Sommers, David Oakley wollte die Sommermonate über in den Bergen wandern, bei seiner Tante. Mehynbanu mitzunehmen, war unmöglich. Sie vermieteten die Wohnung für diese zwei Monate, um ihre Finanzen aufzubessern. Das war verständlich. Insbesondere, wenn man die durch die Schwiegermutter verursachten Kosten dazurechnete, die er zu kompensieren hatte. So beschlossen sie, Mehynbanu zu ihrem Sohn nach Paris zu schicken, es war eine schnelle Entscheidung. Ohne Absprache mit Massud D. setzten sie Mehynbanu in ein Flugzeug und teilten erst darauf ihrem Sohn mit, daß die Mutter gerade unterwegs zu ihm sei. Doch sie kam äußerst ungelegen. Obwohl er sich sehr über das Kommen seiner Mutter freute, war er in diesem Moment einfach nicht in der Lage, sie bei sich aufzunehmen. Sie sei stets willkommen, nur gerade nicht zu dieser Zeit, meinte Massud D. Sie waren nämlich gerade dabei, nach Südfrankreich in Urlaub zu fahren. Und da ihr Geld für ein Hotel oder ein Ferienhaus nicht reichte, wollte sie eben zelten. Sie würden also auf den Äckern übernachten, gut, es waren zwar keine Äcker, aber im Wald würde es schon sein, was machte das für einen Unterschied? Mehynbanu mitzunehmen schien fast unmöglich. So brach zwischen den Geschwistern ein Streit aus. David Oakley hatte mehrere Lösungen parat. Sie dachten alle gemeinsam nach und beschlossen, Mehynbanu wieder nach London zurückzuschicken. Sie würden dafür sorgen, daß sie doch dort in London bliebe.

Sie versuchten, ihre Auseinandersetzung geheimzuhalten, aber Mehynbanu bekam trotzdem mit, daß es um sie ging. Sie drückte ihre Fußspitzen auf den Boden, sie wünschte, ein Loch täte sich auf und würde sie verschlucken. Daß sie wie ein nutzloses Etwas hin und her geschoben wurde, machte sie schwindeln.

Firuz Khanom war eine gute Freundin von Meggy. Sie hatte eine kleine Wäscherei, mit der sie ihr Brot verdiente. Meggy bat sie um Hilfe. Firuz war fröhlich und äußerst entgegenkommend. Sie sagte, sie wohne selbst in einem kleinen Zimmer, in dem es keinen Platz für einen Gast gebe. Aber hinter ihrer Wäscherei habe sie einen kleinen Lagerraum, allerdings ohne Fenster, dennoch sei es dort warm und sicher. David Oakley stimmte sofort zu. Meggy war bedrückt, aber sie hatte keine andere Wahl und widersprach nicht. Mehynbanu hatte auch keine Einwände, sie wollte, daß alles so rasch wie möglich ein Ende fand.

Der Raum hinter der Wäscherei war feucht und duster. Die erste Nacht weinte Mehynbanu und flehte Gott an, er möge sie sterben lassen. Sie fragte sich, wie es kam, daß sie so weiter leben konnte? Woher kam diese ganze Kraft? Sie stellte fest, daß es die Liebe zu ihren Kindern war. Sie betete, diese Liebe möge so bald wie möglich erlöschen.

Firuzeh Khanom war eine sehr gute Frau, die zehn Männern auf der Nase herumtanzte. Sie hatte auch einen Ehemann, der in Teheran lebte, einen Mann von der Sorte der Opiumsüchtigen, ein Jammerlappen. Einmal im Jahr flog er auf Kosten seiner Frau nach London. Er jammerte und klagte über alles und jedes. Er war tolpatschig und hatte stets ein fahles Gesicht. Vor der Revolution war er eine Persönlichkeit gewesen, zumindest war er selbst davon überzeugt. Er war gebildet, er hatte mit Büchern zu tun und übersetzte sogar welche. Mit dem ersten Schlag war er völlig erledigt, er verlor seine Fassung und versank in Hoffnungslosigkeit. Firuzeh Khanom hingegen war eine standhafte Frau und hatte keine Lust auf sein Wehklagen. Sie schickte alle ihre Kinder nach England, folgte ihnen selbst nach und stürzte sich unverzüglich ins Geschäftsleben. Sie war sozial und hatte Anstand. Ihre Bekannten, die es wert waren, konnten stets auf sie zählen. Beim Anblick Mehynbanus, ihres süßen Gesichts, ihrer unschuldigen honigfarbenen Augen, mochte sie sie sofort. Sie erledigte ihre Einkäufe für sie. Sie ließ sie in ihrer Wäscherei sitzen und besorgte ihr persische Bücher und Zeitungen. Sie unterhielt sie.

Mehynbanus Bruder Karim Khan lebte in Kanada. Er hatte Haus und Geld, besaß sogar einen Garten, in dem er Vögel und Hasen hielt. Über Bekannte, die gerne hintereinander herziehen, hatte er erfahren, in welch peinlicher Lage sich seine Schwester befand, und er protestierte lautstark. Er schrieb Briefe an seine Neffen, in denen er sie beleidigend und vorwurfsvoll - vielleicht übertrieb er dabei ein wenig, aber er konnte nicht anders - anwies, Vorbereitungen für Mehynbanus Reise nach Kanada zu treffen. Über einen Bekannten bei der kanadischen Botschaft hatte er seiner Schwester ein Visum beschafft. Er schickte ihr auch das Flugticket zu. Als Massud D. und Meggy Einwände erheben wollten, brüllte er sie am Telefon an. Aus Respekt vor ihm als Familienältesten hielten sie sich in ihrer Reaktion zurück.

Es war Anfang Winter, als es Mehynbanu glückte, nach Kanada zu fliegen. Sie war froh, wieder einmal zwischen Himmel und Erde zu schweben, es war der längste Flug ihres Lebens, welche Freude! Sie hatte einen Fensterplatz. Das grelle Licht draußen blendete sie. Sie hatte einen weichen, warmen Platz, den mochte sie gerne, in einer Ecke, geschützt vor den Angriffen der anderen. Sie fieberte. Die Sonne strahlte durch die Fensterscheibe und bereitete ihr großes Wohlbehagen. Für einen Moment nickte sie ein, der Kopf sank ihr auf die Brust, dann wurde sie wieder wach. Sie öffnete die Augen einen Spalt und blickte an den fernen Horizont, bis zum Ende dieses weiten Panoramas, bis zur Unendlichkeit. Unter ihren Füßen breitete sich ein Feld weißer Wolken aus, hell, sauber und federleicht, wie ein himmlischer Traum, ein sorgloser Traum.

Sie bemerkte, daß ihr jemand etwas ins Ohr flüsterte, es war der Reisende neben ihr. Sie hörte nicht hin. Sie lehnte das Tablett mit dem Essen ab und wandte sich wieder zum Fenster. Sie drückte ihr Gesicht an die Scheibe und genoß die Sonnenstrahlen. Sie hatte das Gefühl, Tausende kleiner Sterne funkelten in ihren Gedanken und entzündeten ein Licht in ihr.

Blau war der Himmel weit und breit, ohne Wolkenflecken, Wellen ohne unangenehmes Schaukeln. Sie schritt bis an die letzte Grenze Utopias und in die Unendlichkeit, jenseits der gewöhnlichen Formen existierender Maßstäbe. Mehynbanu sah sich als Zwölfjährige, wie sie im Garten am Fuße des Demawend spielte. Es schneite. Als ihre Fingerspitzen die eiskalten weißen Flocken berührten, wurden sie taub. Sie starrte in das unbeschreibliche Schneegestöber an diesem grauen Horizont. Es war, als lösten sich ihre Füße vom Boden und sie flöge gen Himmel. Sie liebte dieses Spiel. Auch mit zunehmendem Alter vergaß sie es nicht. Sie pflegte sich nun ans Fenster zu setzen. Naneh Khanom brachte ihr Tee und Kandiszucker. Gemeinsam schauten sie wie verzaubert auf die weiße Fläche, bis sie allmählich einschliefen. Gegen Mitternacht wachte sie auf und stellte fest, daß es immer noch schneite. Sie lauschte. Die ganze Stadt schlief, erstarrt unter einer weißen Decke, wie ein verlassenes Haus, in dem weiße Laken die Möbel bedeckten. Nichts war zu hören außer der Stille der Ewigkeit, voller Nichts, das allgegenwärtige Schweigen, Gottes Schweigen.

Mehynbanu saß die ganze Zeit über fiebernd und schweißüberströmt, aber frohgemut am Fenster. Sie war so erschöpft und vertieft in das Draußen, daß sie vergessen hatte, wo sie sich befand und wer sie selbst war. Sie döste vor sich hin, versank in Träume, wachte wieder auf. Sie schaute sich um. Dann wurde ihr wieder die Vergangenheit gegenwärtig, und sie zog wieder von dannen. Sie tollte im Schnee. Am Zenit rutschte und schaukelte sie. Sie war überall, in allen Zeiten zugleich. Sie sah Tausende Bilder auf einmal vor sich, sie zerstreuten sich in der Luft, in Reih und Glied waren sie hintereinander aufgehängt, so viele verschiedene Mehynbanus, alte, junge, Kinder, in anderen Leben und zu anderen Zeiten. Es war Frau hoch Unendlichkeit, in Ketten und auf dem Weg zurück in die Ewigkeit. Zum allerersten Mal hingen ihre Gedanken nicht mehr an ihren Kindern, an den Menschen auf der Erde, an dem großen Teppich aus Täbriz, den Kaschmirtüchern, ihrem Haus in der Pahlawi-Straße, dem irdischen Geschehen überhaupt.

Sie befand sich über den Wolken, und das Universum ergriff allmählich von ihrem Körper Besitz und setzte sich tief in ihr fest. Es war wie eine herbstliche Wärme, deren Feuchtigkeit sie im Schlaf umspann. Das Gewebe schirmte sie gegen die Außenwelt ab, als sei sie in das Herz des Kosmos vorgestoßen, als befinde sie sich jenseits aller Zeit.

Karim Khan erwartete seine Schwester voller Ungeduld. Er war fest dazu entschlossen, sie bei sich zu behalten. Es beschämte ihn, daß seine Nichten und Neffen so verantwortungslos waren. Bei Mehynbanus Anblick fing er an zu weinen. Er selbst war auch bedrückt, so fern von Verwandten und Bekannten, und tausendmal am Tag packte ihn die Sehnsucht nach der alten Heimat, aber er versuchte stets, sich abzulenken. Der Anblick seiner Schwester jedoch, alt und gebrechlich wie er und obdachlos, ließ seinen Schmerz erneut aufflammen. Er sagte sich: „Zum Teufel mit dem Fremdsein!" Plötzlich schoß ihm der Gedanke durch den Kopf, zurückzukehren. Er besaß noch immer seinen Garten und seine Grundstücke, er konnte in sein Haus zurückkehren und dort mit Mehynbanu wohnen. Sie kannten einander gut, sie waren miteinander aufgewachsen, und der Altersunterschied war nur gering. Als er Mehynbanu sah, erschrak er, wie dünn, fahl und verwirrt sie war. Er schaute sie an, aber sie sah ihn nicht. Er nahm sie bei der Hand und erschrak wieder, es war die warme Hand eines Skeletts. Er sprach zu ihr, aber sie hörte ihn nicht, sie verstand ihn nicht. Ihre Antworten waren wirr. Karim Khan schloß seine Schwester erregt in die Arme und küßte ihr Gesicht und ihr Haar. Und sein eigenes Alter machte sich bemerkbar, sein Herz schmerzte.

Als sie zu Hause angekommen waren, sorgte er dafür, daß Mehynbanu sich in ein großes Bett legte, und ließ einen Arzt kommen. Er rief bei ihren Kindern an, berichtete ihnen, wie schlimm es um ihre Mutter bestellt war. Und er fügte hinzu, es sei die Erschöpfung von der Reise, eine Kreislaufstörung, der Blutdruck und natürlich der fehlende Schlaf. Sie werde sich bald erholen. So sorgte er für die Genesung seiner Schwester. Er war begeistert und von Erregung erfaßt. Er hatte so viel zu erzählen und wußte nicht, womit er beginnen sollte. Sollte er etwa von der Vergangenheit, von der Kindheit, vom Gestern und Vorgestern reden? Von sich selbst, von seinem plötzlichen Entschluß, in die Heimat zurückzukehren? Er lachte und war sehr froh. Er glaubte nicht einmal mehr selbst daran, daß er sich für die Rückkehr entschieden hatte. Diese unverhoffte Freude verdankte er seiner Schwester. Er wußte wirklich nicht, wie er auf diese Idee gekommen war. Vielleicht hatte der Anblick seiner fassungslosen Schwester ihn aufgerüttelt. Als er in Mehynbanus starren Blick schaute, in dem kein Zeichen von Vertrautheit und klaren Gedanken lag, packte ihn die Angst. Er sah die Entfremdung in ihnen, und das ließ ihn erschaudern. Erst jetzt wurde ihm klar, wie einsam und verlassen er selbst war, daß er keinen festen Boden unter den Füßen hatte, wie ein fremder Reisender auf einem kalten traurigen Bahnhof, er schlug nur die Zeit tot. Er nahm Mehynbanus Hand und küßte sie. Er sagte ihr, er sei nun entschlossen, mit dem Umherziehen auf der Bahn seines Leben Schluß zu machen, und wenn sie genesen sei, würden sie zusammen zurückkehren. Mehynbanu schloß die Augen, sie sah sich im Flugzeug am Fenster sitzen, das unendliche Blau des Himmels rief nach ihr. Sie schlief ein und träumte wieder vom Himmel, der wie ein wogendes Meer hin zum klaren bestehenden Sein floß. Sie wußte nicht, wie lange, wie viele Tage sie geschlafen hatte. Sie war durstig, richtete sich auf. Ihre Knie zitterten. Karim Khan war nicht zu Hause. Sie schaute sich um. Sie wußte nicht, wo sie sich befand. Ein mildes Licht drang durch den Vorhang ins Zimmer. Sie ging näher hin. Sie stützte sich auf den Stuhl. Dann blieb sie stehen und holte Luft. Sie ging zwei Schritte, es war ihr, als hätte sie einen Berg zu tragen. Der Schweiß strömte ihr über das Gesicht. Mit bebenden Händen zog sie den Vorhang zur Seite. Es schneite. Sie lauschte. Diese einladende, alte Stille. Naneh Khanom brachte ihr Tee und Kandiszucker. Sie hatte vor der Tür gestanden und geweint, ihr Enkelsohn war im Krieg gefallen. Sie wollte nach Sabzewar aufbrechen, und Mehynbanu sagte: „Warte, Naneh, ich gebe dir Geld, für unterwegs." Sie legte ihre Hand auf die Türklinke. Sie war erschöpft. Sie wollte sich gern hinsetzen. Sie suchte ihren Platz. Die Stewardeß schaute auf ihr Flugticket. Ein kalter Wind peitschte ihr Gesicht, sie fröstelte. Es schneite, dicke Flocken, groß wie Untertassen. Sie lief weiter. Sie verlor den Halt. Es war sehr kalt in diesem Flugzeug. Sie konnte ihren Platz nicht finden. Sie ging immer weiter. Vor ihren Füßen erstreckte sich eine weiße Straße. Die wirbelnden Schneeflocken drangen ihr in die Augen. Der Demawend ragte stolz in den Himmel, sie schaute ihn aus der Ferne an. Stolz und mächtig war er, wie ihr Vater beim Gebet. Der Wind blähte seinen Überwurf. Es sah aus, als reiche sein Kopf bis zum Blau des Himmels, während seine Füße in der Erde wurzelten. Wie schön es war, als sie noch am Fuße dieses bis in den Himmel ragenden Berges lebte, der so beeindruckend war. Dieser Mann stand zwischen den Marmorsäulen auf der Terrasse, es war genau Mittag, sein Schatten dehnte sich aus bis zum Ende der Welt. Wie sie sich amüsierte, als sie unter seinen Überwurf kroch und auf seine Schultern kletterte, auf den höchsten Gipfel des Universums, dort im Jenseits. Kleine Lehmhäuser, kleine Menschen, klein wie Ameisen, und unterwürfig. Sie schaute aus dem Fenster des Flugzeugs und sah genau das. Sie fühlte, wie sie wieder auf den Schultern ihres Vaters saß, für niemanden erreichbar. Weder ihre Mutter, die ihr Vorwürfe machte und sie strafte, noch die schlechtgelaunte Lehrerin, die ewig von Multiplikation und Division redete, oder von dem Polizisten auf der Straße, um sie am Ohr zu ziehen. Nein, hier konnte niemand sie erreichen, weder ihr Mann, der sie beschränkte und bedrohte, noch ihre Kinder, die sich an sie klammerten und mit kannibalischem Genuß ihr Blut und Fleisch verzehrten. Auch konnten ihr die anderen keine moralischen und philosophischen Phrasen aufbürden oder ihren Kopf mit solchen Phrasen vollstopfen, nein, sie konnten wirklich nicht mehr mit dem kleinen Lineal die Grenzen von Moral und Bewußtsein nachzeichnen.

Jemand rief sie, vielleicht kam die Stimme von einem Ort hinter dem Demawend. Sie rannte los und bog in die Straße links, sie war voller Schnee. Ihr war heiß, sie zog ihre Jacke aus. Sie öffnete die Knöpfe ihres Kleides und reckte den Kopf gen Himmel. Sie dachte an die Spiele ihrer Kindheit und lachte. Es schneite in ihren Mund, der Schnee schmeckte gut. Sie schaute und schaute. Sie starrte ohne einmal mit der Wimper zu zucken. Ihre Füße lösten sich vom Boden, die Schneeflocken waren in der Luft stehengeblieben, und sie stieg nach oben, sie war hoch im Himmel, über den Wolken, sie sah den Demawend, dort, unter ihren Füßen. Auf dem Gipfel stand ein Ohrensessel aus Nußbaumholz mit rotem Samtpolster, es war genau derselbe Sessel wie jener im Arbeitszimmer ihres Vaters. Die Stewardeß wies ihr einen Platz zu, es war ein Spezialplatz! Sie setzte sich nieder, sie war nicht größer als ein Kind und versank völlig in dem Sitz. Sie wickelte sich in den Überwurf ihres Vaters und preßte ihr Gesicht an die Fensterscheibe. Der Himmel war blau weit und breit, eine Wasserquelle, ganz klar. Die unendliche Weite sah sie einladend an. Sie horchte. Da war keine Stimme außer der Stille des Schnees und die süße Erlösung des Todes.

Massud D. und seine Schwester schoben sich gegenseitig die Schuld in die Schuhe. Die Tochter beklagte sich über Onkel Karim. David Oakley sagte, daß so etwas öfter vorkomme. Da er an der Universität unterrichtete, kannte er sich aus mit der Kausalität, mit Ursache und Wirkung, und er verwies auch auf die Kausalität der Geschichte und der Ökonomie. Firuzeh Khanom tat es leid, aber dann vergaß sie es recht bald. Die anderen versuchten,

Mehynbanus Geschichte nicht zu vergessen, aber sie vergaßen sie doch. So viel Ärgernis, so viel Arbeit und die Erschöpfung, der Krieg und das Leben in der Fremde, konnte angesichts davon etwa das Gedächtnis perfekt funktionieren? Mehynbanu verstand das alles gut. Gott sei Dank war sie eine verständnisvolle, gebildete Frau!

Aus dem Persischen von M.H. Allafi

Shalah Shafigh

Der Nebel

Rahmat träumte gerade von Mahbube, als der Nebel ihn weckte. Der Nebel war ans Fenster und durch die Fugen hindurch bis ins Zimmer zum Bett gekrochen.

Er stand auf und schaute aus dem Fenster. Der Nebel hüllte Bäume, Dinge und Menschen ein. Er umrankte alles efeugleich und tauchte es in sein milchiges Licht. Er nahm das Wörterbuch, das auf dem Tisch lag, und blätterte es durch.

„Nebel, hm ..."

Um sich das Femininum und das Maskulinum besser merken zu können, suchte er permanent nach Gründen, die die Männlichkeit und Weiblichkeit der Dinge erklärten.

„Der Nebel? Er sollte eigentlich weiblich sein."

Im selben Augenblick ersann er den Traum und Mahbube, die weder da noch nicht da war, die genauso wahr wie unwahr schien, dem Nebel gleich. Als er sie im Bett umarmte und sie bis zum Erbeben an die Brust drückte, fand er sie nicht, wie tief er auch immer in ihre Pupillen schaute. Er spürte ihre zarten Hände über der Wirbelsäule, Hände, die warm wie Milch über die Haut strichen und den Körper in einem leisen Zucken zusammenfallen ließen. Rahmat drückte die Arme noch enger an die Brust, in der Hoffnung, etwas Greifbares zu finden, was darauf schließen ließ, daß es sie wirklich gäbe.

Er versuchte, sich zu erinnern, wann er sie das letzte Mal im Arm gehalten hatte. Es gelang ihm nicht. Das Bett war feucht und die Unterwäsche klebrig. Er schloß die Augen und bemühte sich, die Farbe ihrer Augen zu ersinnen. In seinem Gedächtnis ließ sich kein Bild von ihr rekonstruieren. Als ob sich der Nebel in seinen Schädel eingeschlichen und dessen Höhlen besetzt hätte.

Er beschloß, aus dem Haus zu gehen, die abgelegene Vorstadt zu verlassen und mit dem Zug nach Paris zu fahren.

Das kleine Café am Ende der nebelverhüllten Straße war voller als an anderen Sonntagen. Sein gewohnter Platz war besetzt. Die Cafébesitzerin grüßte ihn von der Theke aus mit einem Nicken und wies ihm einen Tisch in der Nähe der Tür zu.

„Einen Kaffee und ein Sandwich bitte!"

Er nahm am Tisch Platz. Er beobachtete die flinken Hände der Frau, die die Becher und Tassen unter den Kaffee- und Kakao-Automaten hielten, das schmutzige Geschirr in das Waschbecken und die sauberen, vollen Tassen auf die Tabletts stellten. Die relativ beleibten Arme der Frau, deren Muskeln sich unter den kurzen Ärmeln des blauen Pullovers spannten, endeten in weißen, kantigen Händen mit langen lackierten Fingernägeln.

Er versuchte, sich ihre bloßen Arme auf einem männlichen Rücken vorzustellen.

Die Tür ging auf, und eine Frau trat ein. Sie hatte ihren Mantelkragen hochgeschlagen und trug ein geblümtes Kopftuch. Sie schaute nach einem freien Platz und ging nach kurzem Überlegen zu dem Tisch, an dem Rahmat saß.

„Darf ich?"

„Bitte, er ist frei", antwortete Rahmat.

Die Frau zog ihren Mantel aus, legte ihn über die Lehne des Stuhls und setzte sich. Sie lockerte den Knoten ihres Kopftuchs, ließ es auf die Schultern fallen, seufzte zufrieden und sagte: „Was für ein dichter Nebel, das gab es in Paris noch nie."

Rahmat fragte: „Sind Sie aus Paris?"

Die Frau nickte und winkte den Ober herbei: „Eine Tasse Kaffee, bitte!"

Sie schaute herum, als suche sie jemanden.

„Ich dachte, daß die Cafés sonntags nicht so voll sind."

Rahmat sagte: „Das ist nicht immer so ... Es ist wohl wegen des Nebels."

Der Ober stellte die Tasse auf den Tisch. Die Frau rührte zerstreut in ihrem Kaffee.

„Wohnen Sie hier?"

„Ja, in der Nähe."

„Ich suche hier eine Adresse. Ich habe eine Weile gesucht und mich dabei verirrt. Vielleicht können Sie mir helfen."

Sie zog ein kleines schwarzes Heft aus der Handtasche und schlug die Seite auf, die sie gekennzeichnet hatte. Sie legte ihren Zeigefinger auf die Buchstaben, die in rot mitten auf der Seite geschrieben standen. Ihre Hände waren klein und ihre Finger fleischig.

„Victor-Hugo-Straße", lachte sie, „ich denke, daß es in jedem Pariser Viertel eine Straße mit diesem Namen gibt."

Rahmat sagte: „Sie liegt nicht weit von meiner Wohnung. Wenn Sie aus dem Café kommen, müssen Sie nach links abbiegen und dann die zweite Straße ..."

„Ich habe", unterbrach ihn die Frau, „einen schlechten Orientierungssinn. Könnten Sie mir die Strecke aufzeichnen?" Sie schob ihm das Heft zu.

Rahmat sagte: „Ich kann Sie begleiten. Es ist in der Nähe meiner Wohnung."

Die Frau lachte: „Sehr gut."

Sie trank ihren Kaffee aus, band ihr Kopftuch um und nahm ihren Mantel.

Rahmat legte das Geld für den Kaffee auf den Tisch.

Sie sagte: „Peinlich, ich habe vergessen, das Geld für den Kaffee hinzulegen. Sehen Sie, wie durcheinander ich bin?"

Rahmat zeigte auf den Tisch: „Vergessen Sie Ihr Heft nicht!"

Draußen im Nebel waren die Gesichtszüge der Frau kaum zu erkennen, ihre Augen aber strahlten.

Zusammen überquerten sie die Straße und bogen links ab. Die Frau schaute sich um.

„Allein hätte ich das nicht geschafft. Bei diesem Nebel in der Fremde kommt man sich noch fremder vor ..."

Rahmat sagte: „Aus welchem Land kommen Sie?"

„Aus Marokko."

Sie bogen in die nächste Straße ein. An der Kurve ging ein Passant an ihnen vorüber. Die Frau drehte sich um, folgte ihm ein paar Schritte und kehrte wieder zurück.

„Wissen Sie? ... Im Nebel sehen sich die Menschen alle so ähnlich."

Und sie lächelte.

Rahmat deutete auf das Namensschild der gegenüberliegenden Straße: „Victor-Hugo!"

Die Frau sagte: „Ich glaube, es war Nummer 11."

Nummer 11 war ein dreistöckiges Haus. An der Wand waren mehrere Klingeln mit den Namen der Bewohner angebracht.

Die Frau sagte: „Man sagte mir, es sei im zweiten Stock."

Sie las die Namen auf den Schildern und drückte anschließend einen Klingelknopf. Es passierte nichts. Sie drückte noch einmal.

„Sonntags geht er normalerweise nie aus ..."

Rahmat sagte: „Sie haben ihn nicht vorher benachrichtigt?"

Sie antwortete nicht, las den Namen auf der Klingel laut und murmelte dann: „So soll er doch heißen." Sie klingelte weiter.

„Keine Reaktion ..."

Sie starrte Rahmat an und drückte ein letztes Mal auf die Klingel.

Sie entfernten sich von der Tür. Die Frau lief mit schnellen Schritten zum Ende der Straße, blieb aber plötzlich stehen. Rahmat folgte ihr.

„Meine Wohnung liegt in der nächsten Straße, weiter oben ..."

Die Frau nickte: „O.k."

Sie bogen ein paar Schritte weiter rechts ab.

„Louis Aragón ... den kenne ich nicht."

Rahmat sagte: „Er war ein Dichter ..."

Die Frau zog die Augenbrauen zusammen: „Ich habe Victor Hugos ‚Die Elenden' gelesen ... vor etlichen Jahren."

Rahmat dachte: Sie wird so um die Fünfunddreißig sein.

Am Hauseingang hielt er kurz inne. Er holte die Schlüssel heraus und öffnete die Tür.

„Ich wohne im dritten Stock; einen Fahrstuhl gibt es nicht."

Sie blickte auf die Treppen: „Weißt du ... Ich habe dort meinen Mann gesucht ..." Sie machte auf der zweiten Treppe halt, drehte sich um und schaute Rahmat an: „Er hat mich vor sechs Wochen verlassen."

Rahmat wußte nicht, was er sagen sollte. Die Frau wartete seine Reaktion nicht ab. Schweigend stiegen sie die Stufen hoch, Rahmat öffnete die Wohnungstür und ging einen Schritt zur Seite, um die Frau hereinzulassen.

„Willkommen!"

Die Frau sagte: „Was für ein trauriges Zimmer."

Sie ging zu den gerahmten Fotos auf dem Wandbord.

„Familienfotos?"

Rahmat sagte: „Meine Mutter, mein Vater und meine Schwester."

Sie zog ihren Mantel aus, hängte ihn an die Garderobe neben der Tür und setzte sich auf den nächsten Stuhl. Sie lockerte das Kopftuch und ließ es auf die Schultern gleiten. Rahmat setzte Wasser auf und stellte zwei Tassen und eine Schachtel Kekse auf den Tisch.

Die Frau sagte: „Ich kann aus der Hand lesen ... Von Anfang an, als ich deine Hände sah, kamen sie mir seltsam vor; gib mir deine Hand ...!"

Rahmat nahm auf einem Stuhl neben ihr Platz und streckte ihr die Hand entgegen.

„Wie viele Linien! Und was für ein Durcheinander! Du verläßt viele Orte und eine Menge Menschen ..." Sie hob den Kopf und lachte: „Oder sie verlassen dich."

Rahmat sagte: „Ich habe mein Land verlassen."

Die Frau fragte: „Aus welchem Land kommst du?"

„Aus Iran ... Sieben Jahre ist es her."

„Warst du inzwischen wieder dort?"

„Ich kann nicht zurück."

Die Frau sagte: „Es ist sehr schwer." Und sie strich mit dem Finger über Rahmats Hand.

„Die Innenseite deiner Hand ist voller Linien. Ich habe es im Café gleich gesehen."

Sie schwieg einen Moment lang und fügte hinzu: „Geh nicht mit jeder ins Bett ... Es ist nicht gut ... Denk an die Risiken ...!"

Rahmat sagte: „Ich wollte nach Paris ... Bei diesem Wetter kann man nicht zu Hause bleiben."

Sie ließ Rahmats Hand los, trat ans Fenster und drückte ihr Gesicht an die Scheibe: „Du hast recht."

Langsam drehte sie sich um und ging zum Bett. Der Wasserkessel auf dem Herd pfiff. Rahmat gab den Tee in den Teekanne und stellte sie auf den Kocher. Die Frau saß auf der Bettkante und zupfte ihre Haare zurecht. Sie hatte kurze, schwarze Haare mit dicken Locken. Eine unauffällige Wölbung am Ende ihrer Nase verlieh ihren schräg geschnittenen Augen eine gewisse Seriosität.

Ihre Lippen waren füllig und klein. Sie ordnete die Haare und legte sich sachte hin.

Als sie ihre Bluse aufknöpfte, kamen der tiefe Schnitt zwischen ihren Brüsten und zwei braune Brustwarzen zum Vorschein. Rahmat betastete mit den Fingerspitzen die Brustwarzen und drückte sie. Die Frau legte die linke Hand auf ihre Brust. Rahmats Blick fiel auf den Verband an ihrem Handgelenk.

Die Frau sagte: „Mach bitte das Licht aus!"

Sie seufzte weiter: „Es ist Mittag ... Aber es mutet wie Abend an."

Sie rollte sich zusammen und kuschelte sich an Rahmat: „Wenn es so neblig ist wie jetzt ... kann man es zu Hause allein nicht aushalten."

Rahmats Finger schlichen über den Hals auf die Vertiefung ihrer Schulter. Die Frau seufzte: „Vielleicht hat er deshalb nicht geantwortet."

Er streichelte ihre braunen Arme. Ihre Haut war kühl und fest. Die Frau warf den Kopf zurück und blickte ihm in die Augen: „Ich meine die Klingel ..."

Seine Hände blieben auf ihrem Bauch liegen. Sie drehte sich auf die Seite und öffnete den Reißverschluß ihres Rocks. Rahmat streichelte ihre Beine, die Rundung ihrer Knie und ihre Fußgelenke, die fest und stark waren.

Die Frau sagte: „Komm unter die Decke."

Unter der Decke klammerte sie ihre Beine um seinen Körper. Ihr Körper war kühl und ihr Atem heiß. Sie flüsterte Rahmat ins Ohr: „Es ist doch wahr ... Deshalb war er nicht zu Hause. Die Adresse stimmte ...!" Rahmat umfaßte ihre Taille.

Die Frau sagte nichts mehr und atmete heftiger, während sie sich an der oberen Kante des Bettes festhielt, die Augen schloß und stöhnte. Rahmat erspürte ihre Muskeln, die sich zusammenzogen. Er fühlte die Kälte auf ihrem Rückgrat.

Sie jauchzte, ließ die Hände fallen, drehte sich um und stützte bäuchlings den Kopf auf die Hände, nachdem er sich zurückgezogen hatte. Rahmat streichelte ihren Rücken. Sie regte sich nicht. Sie drehte sich später noch einmal um, sich rücklings ausstreckend und bedeckte mit den Händen ihre Brust. Rahmats Blick fiel erneut auf das verbundene Handgelenk der Frau.

„Weißt du ... Ich habe mir gestern die Pulsadern aufgeschnitten. Es hat nicht geklappt ..."

Sie wälzte sich auf die Seite und stützte den Kopf in die Hand. Ihre Augen strahlten. „Dann beschloß ich, nach ihm zu suchen ..."

Sie wickelte sich in das Bettzeug ein und setzte sich auf die Bettkante.

„Als ich aus dem Zug stieg, in der ersten Straße, sah ich ihn, jedenfalls kam es mir so vor ... er bog in eine andere Straße ein und ... ich verlor ihn aus den Augen."

Sie lächelte und fuhr sich durch die Haare.

„Obwohl ... sich die Menschen im Nebel sehr ähneln."

Aus dem Persischen von Parviz Sadighi

Ssoudabeh Ashrafi

❧

Staubflut

Ziemlich lang her, das alles. Wie viele Jahre genau? Zwanzig, fünfundzwanzig Jahre wird's schon her sein, oder? Genau. Wir haben uns damals in der Faroughi-Abendschule kennengelernt, weißt du noch? In dem Jahr ging ich tagsüber in die Firma und abends in die Schule. Aber auch nicht regelmäßig. In manchen Jahren, wenn's keine Arbeit gab, oder wenn unser Alter mal wieder den Hintern nicht hochgekriegt hat, saß er sommers wie winters zu Hause. Und Hassan und ich mußten ihn und seine Launen ertragen. Mal hat er 'n Teppich ins Pfandhaus geschleppt, dann wieder Gold und andern Kram. All den Schmuck, den sich unsre arme Mutter damals von ihrem mühsam ersparten Geld gekauft und umgehängt hat, hat sie jeden Winter hervorgekramt und auf die Bank getragen. Das Geld hat sie heimgebracht und mit beiden Händen dem Alten in den Rachen geworfen. Gott ist ja ziemlich groß, aber das war vielleicht jedesmal 'ne Aktion, bis wir die Sachen dann von der Bank wiederhatten! Bei uns lag damals nur in einem Zimmer ein Teppich. Den hat er im Winter auch noch zur Bank geschleift und hat sich, der Herr steh uns bei, den Haufen Geld, den er dafür gekriegt hat, unter'n Nagel gerissen.

Naja, was soll's, die Zeiten sind vorbei. Du läßt dir's ja gutgehn, bei den Schwedenmädchen, was, Schareza! 'n Tässchen Kaffee, 'n bißchen Larifari, und schon liegen sie dir zu Füßen. Alter Hund! Hamid, der Witzbold, hat uns davon geschrieben. Du erinnerst dich doch an ihn? Erst ist er nach England gegangen und dann ...? In seinem ersten Brief hat er damals geschrieben: „Was sitzt du noch zu Hause rum, Schahossein?! Kostet dich bloß 'ne Tasse Kaffee. Du servierst den Engländerinnen einfach 'n Tässchen

Kaffee, zum Vorwärmen, sozusagen. Den Rest überläßt du ihnen. Hallo und wie geht's und dann ab in die Falle."

Ich hab damals alles versucht, aber ich kam hier einfach nicht weg. Ich erspar dir die Einzelheiten. Jedenfalls war ich damals noch rank und schlank. Kein Gramm Fett zuviel. Nicht diese wabbligen Fleischmassen. Kein Bauch, kein Doppelkinn und keine Tränensäcke. Inzwischen leben wir schon so lang hier in dieser Eiseskälte, daß wir uns ein Bein nach dem andern abfriern. Gewichte ham wir damals gestemmt. Ich hab sogar noch Fotos aus der Zeit, doch, ehrlich, Schareza. Ich zeig sie dir, wenn du willst. Gib mir mal 'ne Zigarette ...

Ehrlich gesagt, ich war damals hin und her gerissen. Manchmal war ich von Fardin begeistert, dann wieder von Ssamad Behrangi. Komisch, was? Heute weiß ich, warum. Warum ich so dumm war. Aber damals hatt ich keinen blassen Schimmer. Es hat mir Spaß gemacht, Fardin zu imitieren, aber ich hab auch gern '24 Stunden Traum und Wirklichkeit' gelesen und mich aufgeregt. Vor dem Spiegel hab ich damals angefangen zu singen und seine Bewegungen nachzumachen. Und auf einmal hab ich auch angefangen, Bücher zu lesen. Bin zum echten Bücherwurm geworden. Aber dann hat mir der Alte leid getan, und ich bin in die Schule gegangen. Damals sind wir Freunde geworden. Bevor du nach Abadan gegangen bist. Hamid wurde damals auch mein Freund. Der wußte so viel. Wir sind sogar zusammen ins Theater gegangen und so, du weißt schon. Brecht und Antigone und Ionesco, die ganze Latte. Jedenfalls warn die Jahre mit Hamid wunderbar. Der Witzbold! Immer, wenn wir aus 'm Theater kamen, hab ich für ihn auf der Straße die Schauspieler nachgemacht: „Liebe Parteifreunde, jetzt, da ich Deutschland in die Knie gezwungen habe, wird es mir mit diesen eisernen Händen auch gelingen, die ganze Welt in die Knie zu zwingen!"

Hamid hat sich kaputtgelacht: „Schahossein", hat er immer gesagt, „du spielst wirklich gut, Mann." Und ich hab immer geantwortet: „Ach, red kein Stuß, ich hab schon als Kind immer gespielt wie verrückt."

Frau Kopteska hat immer gesagt: „Reißt euch zusammen! Ihr seid ja betrunken!"

„Mensch, Schahossein, mach was aus deinem Talent! Geh doch zum Theater!"

„Du Kindskopf, Hamid!" hab ich ihm geantwortet. Glaubst du vielleicht, mein Vater is Eisenhändler und Krösus, wie deiner? Wenn ich zum Theater geh, wer soll dann im Winter Geld ranschaffen helfen? Kapierst du's nicht? Darüber brauchen wir zwei doch kein Wort mehr verlirn.

Wir wurden unzertrennlich. Tag und Nacht warn wir zusammen. Von Schemrun hat er jedesmal den weiten Weg bis zu uns gemacht. Bis zum Abitur. Gleich nach dem Abi ist er dann nach England gegangen. Schahamid, hab ich gesagt, du Treuloser, haust einfach ab und läßt mich hier allein zurück. Ich schwör dir, Schahossein, ich krieg das hin, hat er gesagt, und dann kommst du nach. Er hats ja dann auch fein hingekriegt, der Arme. Er hatte sich was ausgedacht. Hab jetzt keine Lust, dir alle Einzelheiten zu erzählen. Bis ich das Geld zusammen hatte, war's zu spät, und ich bin schließlich nicht nach England gegangen. Hamid is dann gleich nach der Revolution nach Iran gekommen. Einen Monat lang ist er geblieben. Kugelrund war er geworden. Was is denn mit dir passiert, Schahamid, hab ich ihn gefragt. Hast dich ja ganz schön gehn lassen. Er hat's ziemlich übertrieben. Weibergeschichten, Alkohol. Und dann hat er sich umgebracht. Einfach so, für nix und wieder nix. Ich hab jedenfalls nie verstanden, wieso er's getan hat. Keiner hat's kapiert. Eines schönen Tages hat sein Zimmergenosse bei seiner Mutter angerufen und 's ihr gesagt. Ich hatte ja keine Gelegenheit, ihn zu besuchen, um zu sehn, was er da so treibt. Alles zu spät. Mein Alter hatte 'ne Hypothek auf das Haus aufgenommen, damit ich nach England fahrn konnte. Hat so lange rumgemacht, bis alles zu spät war. Dann hat er sich den ganzen Batzen Geld einverleibt. Und mich hat er gezwungen, die Hypothek abzubezahlen. „Verdammt nochmal!" hab ich gesagt. Ehrlich. Eines abends bin ich scheißwütend geworden. Wir sind sogar aufnander losgegangen. Wie lang denn noch, Baba? Ich reiß mir den Arsch auf für die Scheißraten! Ich kann dir sagen, verflucht hab ich ihn, den Alten. Hurensohn, ich bin doch überhaupt nicht nach England gefahren. Warum hast du das Geld nicht wieder auf die Bank gebracht?! Weißt du, was er gemacht hat? Weil er an mich nicht rankam, hat er statt dessen meine Mutter fertiggemacht. Und ich, ich bin ausgezogen. Militärdienst, kaufmännische Lehre, Stelle bei 'ner Bank, Frau, Kind, und jetzt sitz ich hier, zu deinen Diensten. Dick und rund. Trinke Popov-Wodka. Völlig klar im Kopf. Jetzt gibt's ja auch keinen Grund mehr, durchzudrehn. Ich bin 'n andrer Mensch geworden. Völlig umgekrempelt. Uns hat's nach Uppsala verschlagen. Mariam, Homan und mich. Wenn ich's drauf anlegen würde, würden die uns sogar durchfüttern. Genau genommen ham wir während der ersten beiden Jahre ja auch Geld gekriegt. Aber dann hab ich gesagt, Mariam, vergisses, Schatz. Ich hab keine Lust, mich von diesen blöden Blondschöpfen dauernd schief ansehn zu lassen. Egal wo du hingehst, steht auf deiner Stirn geschrieben: Asylant. Sie glotzen dich an, spucken aus und murmeln irgendwas vor sich hin. Es sind ja auch so viele. Den ersten ging's besser. Mittlerweile sind wir zu viele. Das übersteigt ihr Einsatzvermögen für die Menschenrechte. Jedenfalls schaun sie dich blöd an. „Schmarotzer! Wir zahln hier die Steuern, und ihr freßt uns die Haare vom Kopp." Wer hat schon Lust, sich sowas anzuhörn. Ich hab dann 'n paar Brocken Schwedisch gelernt und in 'ner Fabrik angefangen. Bin versichert und alles. An der Maschine, an der ich arbeite, arbeiten auch zwei Inder und ein Türke mit mir. Wir essen auch zusammen Mittag. Aber der Inder geht mir wegen Nader Schah total auf die Nerven. Dauernd sagt er: „Eurer Meinung nach ..." Irgendwann hab ich ihm dann gesagt, Junge, ich hab keine Meinung, ich hab Asylantenstatus.

Du kannst dir nicht vorstellen, was aus Homan geworden is. Läßt sich nicht unterkriegen, der Wolf. Genau wie die andern. Der Junge ist so schnell groß geworden. Vom ersten Tag an ham sie sich seiner angenommen. Ferienlager von morgens bis abends. Reiten, Gymnastik, Fußball, was du willst; 'n Unterschied wie Tag und Nacht. Man kann kaum glauben, daß das Kind 'n Vater und 'ne Mutter hat wie Mariam und mich. Wir haben uns unser Leben lang anhörn müssen: „Halt den Mund, ein Kind redet nicht so viel!"

Als er in den Stimmbruch kam ..., was lachst du so, glaub mir, ehrlich, als er in den Stimmbruch kam, ham sie uns in die Schule bestellt und gesagt: „Behalten Sie seine Bettwäsche im Auge. Achten Sie auf seine seelische Entwicklung, er macht jetzt eine kritische Phase durch, er ist in der Pubertät!" Genau wie deine und meine Pubertät, was?

Mariam sagt: „Ich setze keinen Fuß mehr in den Iran. Wenn du zurück willst, geh ruhig. Es ist doch überall auf der Welt dasselbe. Wer sich im Leben zurechtfindet, der kann überall leben. Zwischen dem Iran als Land und Schweden als Land besteht überhaupt kein Unterschied. Nur alles andere ist anders. Hier ist es besser. Wir bleiben hier. Wenn du zurück willst, dann geh zurück." Sie hat auch Kurse in Psychologie belegt. Kurze Zeit drauf sagt sie: „Sei mir nicht böse, Schahossein, aber ab jetzt übernehme ich die Erziehung von Homan, misch du dich nicht mehr ein." Ich hab's ihr nich übel genommen. Einmal im Bad hab ich dem Jungen dermaßen den nackten Hintern versohlt, daß er geschrien hat wie am Spieß. Hinterher hats mir furchtbar leid getan. Also hab ich eingesehn, daß sie recht hat, Schareza. Wir ham unser Leben lang die Hucke vollgekriegt und wollen dann ein Leben lang unsre Kinder prügeln. Also hab ich gesagt, was soll's und hab mich zurückgezogen. Dann ging's uns allen besser. Wir konnten relaxen. Aber die Schlafstörungen, die ich in den ersten Jahren hatte, hab ich heut noch. Wenn ich nicht 'ne halbe Flasche Wodka trinke, schlaf ich nicht ein. Und wenn ich schließlich einschlafe, dann kommen diese wahnsinnigen Alpträume. Am nächsten Morgen wach ich auf, als hätt ich kein Auge zugemacht. Meine Finger sind völlig verkrampft, ich muß sie unter heißes Wasser halten oder Mariam muß sie massieren. Vor einem Monat, kurz bevor du kamst, hatt ich einen Traum, Mann, ich wünsch dir, daß du sowas nie durchmachen mußt! Wer weiß, hab ich gedacht, vielleicht is schon wieder was passiert? Ich bin ans Telefon, drrringeling, und hab angerufen im Iran, meine Schwester. Sie hebt ab und sagt: „Hhm? Was ist denn schon wieder?" Gelacht hat sie, hahaha.

„Wie geht's dir? Alles in Ordnung?" hab ich gefragt.

„Ja doch, nix Neues. Ruf nicht so oft an."

Dabei liegt draußen 'n Meter Schnee. Und es hört nicht auf zu schneien. Sie hat 'ne Stimme wie 'n Engel. Das arme Ding, war eh schon immer schüchtern. Für ein Poster. Fünf Jahre?! In solchen Momenten macht's keinen Unterschied, ob's früh am Tag is oder mitten in der Nacht. Dann geht alles von vorne los. Kein Wunder, daß man dick und fett wird; 'n labbriger Fleischklops. Wenn meine Mutter noch am Leben wäre und hier, wie all die andern Mütter von Krethi und Plethi, würde sie auch Geld kriegen von der schwedischen Regierung. „Meine Güte, wie erholt du aussiehst, Maschallah, gut beinander!" So wie meine arme Schwester. Jedesmal, wenn meine Mutter vom Gefängnis wiederkam, hat sie gesagt: „Wenigstens foltern sie sie nicht oder stellen sonst was mit ihr an, Gott sei's gedankt. Rund und wohlgenährt hat sie ausgeschaut, gut beinander." Von wegen! Wenn du wüßtest, wieviel Kafur die dem armen Kind eingeflößt ham, Beruhigungsmittel. Wie aufgedunsen sie war! Das erste, was sie wollte, als sie wieder draußen war, war Tee ohne Kafur. Jedesmal, wenn wir von ihr wissen wollten, was sie im Loch erlebt hat, hat sie bloß geantwortet: „Gar nichts." Aber ein ganzes Jahr lang hat sie sich vor niemandem ohne Strümpfe blicken lassen. Sommers wie winters hat sie dicke Strümpfe angehabt. Du hast meine Schwester nicht gesehn, oder? Hm, selbst wenn, sie war ja damals noch so klein. Auch wenn du sie gesehn hättest, würdest du sie jetzt nicht wiedererkennen. Sieht aus wie'n Engel. Groß und schlank, blonde Haare, sanfte Augen, helle Haut. Jetzt ist sie fertig, die Arme. Fünf Jahre?! Für ein Poster? Inzwischen dürfte sie so um die dreißig sein. Aber sie sagt: „Ich heirate nicht, Schluß aus." Weißt du was, Schwesterlein, hab ich ihr geschrieben, du brauchst keinen Ehemann. Geh und genieß dein Leben. Ich bin schon lang nicht mehr drauf versessen, daß du heiratest. Man kann von Glück sagen, daß sie nicht durchgedreht ist, wie meine Cousine. Das is übrigens auch 'ne lange Geschichte. Hab jetzt keine Lust, sie dir zu erzählen. Ich krieg immer Kopfschmerzen, wenn ich dran denke. Meine verfluchte Migräne bin ich grad erst los. Hier bin ich sie endlich losgeworden. Im Iran ham sie mich dermaßen mit Cortison vollgepumpt, daß ich völlig aus'm Leim gegangen bin. Das is vielleicht 'n Ding, Mann, ich kann dir sagen. Da muß ich erst aufgehn wie'n häßlicher Hefekloß, damit der Schmerz mir Lebewohl sagt. Naja, jetzt is eh nicht mehr viel mit mir los.

Manchmal denk ich an Hamid, den Witzbold. Dann mach ich den Schwejk für ihn. Den Hundehändler aus Prag:

Schöne Geschichte. Zeigt dir, daß du dein Hirn doppelt anstrengen solltest, bevor du irgendne Dummheit machst. Nicht daß dir plötzlich einfällt, bloß für'n fetten Anteil an der Beute mit Hitler nach Rußland zu ziehn, und da erfrierst du dann. Mein Gott!

Immer wenn ich „mein Gott" sage, schau ich Mariam an. Die sagt dann: „Au wei, da sind die Kopfschmerzen wieder."

Dann massiert sie mir zum Spaß die Stirn. Und ich frag sie, was sie denn mit meim Kopf will, ich hab doch jetzt alles unter Kontrolle. Und sie sagt: „Reine Gewohnheit." Dann lacht sie, hahaha. „Nur so zum Spaß", sagt sie. „Aber ganz im Ernst, Schahossein. Du spielst wirklich gut."

Der letzte Traum, den ich hatte, war wirklich scheußlich. Deswegen hat Mariam dann auch unser ganzes Leben zum Fall für den Psychologen gemacht. Ich hab geträumt, wir sind im Iran. Wann das war oder wie alt ich zu der Zeit war, weiß ich nich. Jemand schrie: „Alle zusammen! Alle zusammen!" Dann warn plötzlich jede Menge Menschen auf der Straße. Wie die auf einmal alle in die lange, enge Gasse gekommen warn, weiß ich auch nich mehr. Erinnerst du dich an die Gasse an der Faroughi-Schule? So ähnlich sah's in meinem Traum auch aus. Alle sind sie dann mit Hallo und Trara in Richtung Hauptstraße losgezogen und ich ein Stück hinter ihnen her. Plötzlich seh ich, daß die Leute Schlafanzüge anhaben. Die Männer alle im Unterhemd, die Frauen von Kopf bis Fuß im langen weißen Kaftan. Ich hab an mir selbst runtergeguckt: auch im Schlafanzug. Während ich so renne und mir dabei die Leute betrachte, seh ich auf einmal meine Mutter. „Mama!" hab ich geschrien. „Mama!"

Meine Mutter hat sich umgedreht und mich angeschaut. Ihr Gesicht alt und faltig. Weißes Haar hatte sie, 'n Dutt. Ich hab nochmal gerufen: „Aber so doch nicht!" und hab an mir runtergedeutet. Sie hat mir nich geantwortet. Ihr Kaftan vom Winde gebläht. Dann hat sie sich weggedreht. Der Wind hat sie alle vertrieben. Dieser Lärm hat mich wahnsinnig gemacht. Ich hab die Augen zugemacht und bin anner Ecke stehngeblieben. Meine Mutter ist immer weitergelaufen und hat sich ab und zu nach mir umgedreht. Wie soll ich dir das erklärn, dieses Geräusch? Ich weiß auch nicht, Schareza. Bist du schon mal vom Lärm einer Menschenmenge aus dem Schlaf gerissen worden? Und wußtest dann nich, wo du bist? Wie damals, an diesem warmen Sommernachmittag. Erinnerst du dich noch an das Zimmerchen, das mein Vater über der Treppe gebaut hatte? Kaum größer als zwei auf drei Meter, glaub ich. Am Treppenabsatz. Mit Fenster zum Hinterhof, vor dem leeren Grundstück.

Ich lag klatschnaß geschwitzt im Bett. Wollte die Augen aufmachen und konnte nich. Meine Lider waren total schwer. Aber ich hab ständig dieses Geräusch gehört und immer wieder versucht, die Augen aufzumachen, um zu sehn, woher dieser Lärm kam. Und dauernd fielen mir die Augen wieder zu. Das Geräusch kam langsam näher und wurde lauter. Es warn Stimmen, 'ne Menge Leute. Und dann hörte man Wasser, Unmengen von Wasser, die plötzlich in einen leeren Raum stürzen. Die Leute schrien. Ihre Stimmen kamen näher und näher, und auf einmal warn sie ganz deutlich.

„Steh auf, los steh auf! Die Welt geht unter, und du wirst nicht munter!"

Ich aus dem Bett hoch, die Sonne schon mitten im Zimmer, ans Fenster. Die Leute konnt ich nich sehn, aber ihre Schreie hab ich gehört, zusammen mit dem Wasser. Das kam einfach angeschossen. Stand in der Ruine schon auf halber Mauerhöhe. Und dann hab ich ein Wort ganz deutlich gehört: „Überschwemmung! Überschwemmung!"

Jedenfalls war das Geräusch in meinem Traum so ähnlich. Ja, eigentlich war's genau dasselbe. Und ich bin schließlich auch losgerannt. Warum ich mich dann plötzlich von hinten an jemandem festgekrallt hab, weiß ich auch nich. Der hat sich umgedreht und mich wütend angeglotzt. Ob's 'n Mann war oder 'ne Frau, konnt ich nich erkennen. Und dann wurden die Leute langsam kleiner. Entfernten sich. Als ob sie gar nie dagewesen wärn. Ich weiß auch nich. Meine Mutter war irgendwann auch weg. Und das Gebrumme hatte aufgehört. Totenstille. Alles ausgedörrt. Wüste. Das heißt, Straßen, Gassen, Geschäfte gab's schon, aber alles war trocken, wie in der Sahara. Als hätten sie über alle Mauern und Fenster erst Kohlenstaub gekippt und dann drübergeblasen. Asche und Erde vermischt. Die Fenster sahn aus, als ob's nach langer Zeit auf die Asche geregnet hätte und dann ist einfach alles getrocknet. Alle Fenster ohne Vorhänge. Alle Haustürn zu. Mir steht vor Staunen noch der Mund offen, ich hab völlig die Orientierung verlorn und weiß nich, was ich machen soll. Da seh ich plötzlich 'n Schatten. Hinter einem der Fenster hat sich ein Schatten bewegt. Das Gesicht konnt ich nich genau erkennen, aber's war 'ne Frau. Und obwohl ich bloß ihren Schatten sah, konnt ich erkennen, wie sie sich langsam, schwerfällig, schwermütig bewegt. Ich konnte sehn, daß ihre Augen gradeaus schaun, aber ich wußte auch, sie starrt einfach ins Leere. Ihre Frisur konnt ich auch erkennen, Haare hinterm Kopf zusammengebunden. Ihre Schultern konnt ich auch sehn. Gebeugt und schwer. Ich konnt mich beim besten Willen nicht erinnern, was passiert war und was ich da zu suchen hatte? Lange Rede, kurzer Sinn, Schareza, ich war dabei, im Schlaf verrückt zu werden. Und während ich durchdrehte, hörte ich meinen Alten rufen: „Die Welt geht unter, und du wirst nicht munter!"

Also jedenfalls dacht ich, es is mein Vater. Ich hab mich umgedreht und gesehn, es is mein Bruder, Hassan. Und dann sah er aus, wie jemand, den ich noch nie im Leben gesehn hatte. Und in dem ganzen Durcheinander tauchte plötzlich noch jemand auf. 'n alter Typ, ganz schwarz, mit Riesenpranken. In der einen hatte er auch noch'n Messer. Damit isser auf mich los. Mit blitzender Klinge und so. Ich wußte weder, was er von mir will, noch wo er herkam. Auf einmal packt mich der Mann, der vorher gerufen hatte „Die Welt geht unter!", am Arm, schubst mich in so 'n klappriges Auto und setzt sich ans Steuer. Beinah ...

Als ich Mariam das erzählt hab, ist mir bei „beinah ..." der Schwejk eingefallen. Der hat immer gesagt: „Ein Ausdruck wie 'Beinah ...' führt unter den Menschen oft zu Mißverständnissen." Der Herr Bretschneider, '38. „Als s' uns in München verkauft ham, hätt's beinah Krieg gem. Aber als s' dann g'merkt ham, daß wir keinen Krieg anfangen, hätt mer beinah Haus und Hof verlorn. Und genau in diesem ersten Weltkrieg hätt Österreich beinah Serbien unterworf'n und Deutschland beinah Österreich. Auf 'Beinah ...' kammer si net verlassn."

Na ja, jedenfalls hatte der schwarze Typ mich fast erreicht, da knallt der andre wütend die Autotür zu und fährt los. Ich kann dir sagen, mir is im Schlaf die Luft weggeblieben, ehrlich. Keine Menschenseele weit und breit, nur dieser schwarze Mann, der wütende

Typ, die dunkle Frau am Fenster, und ich. Der Fahrer kurvt wie wild durch die Straßen und fährt immer wieder in irgend 'ne Sackgasse. Und eine Straße sieht aus wie die andre. An manchen Kreuzungen stehn auch Leute. Gleichgültig irgendwie. Aber wenn du sie angeschaut hast, konntest du ihnen ansehn, daß sie alles mitkriegen. Sogar die dunkle Frau am Fenster hatten sie gesehn. Und auch den Schatten der Wiege, die die Frau gemächlich geschaukelt hat. Aber die stierten vor sich hin und warn alle irgendwie ungerührt und voller Staub. Die wußten sogar, wovor wir abhaun. Und woher wußte ich das alles im Schlaf? Keine Ahnung. Jedenfalls sind wir so lange durch diese engen Gäßchen gekurvt, bis völlig unerwartet eine von ihnen inne breite, helle Straße mündete. Auf der sind wir dann weitergefahrn. Auf einmal ein Höllenlärm, Autos, Leute, Gehupe, Neonlichter und so. Bevor wir noch recht wußten, wo oben und unten ist, hab ich gemerkt, wir rasen unter 'ner Autobahnbrücke durch und über uns lauter grüne Hinweisschilder ...

Ich kann dir sagen, Schahreza, ich bin wach geworden und hab am ganzen Leib gezittert, meine Finger warn wieder zusammengekrampft. Eine Woche lang hat mich der Traum damals verfolgt. Inzwischen hab ich manche Details schon vergessen. Das heißt, mit der Zeit sind einige Szenen aus meinem Gedächtnis verschwunden. Aber seit dem Tag, an dem ich Mariam diesen verrückten Traum erzählt hab, läßt sie nicht locker. Ständig liegt sie mir in den Ohren.
„Du bist wirklich 'n guter Schauspieler, Schahossein. Du hättest auf Hamid den Witzbold hören sollen ..."

Aus dem Persischen von Jutta Himmelreich

Worterklärungen

❦

Abadan	Hafenstadt im Südwesten Irans, dort befand sich die größte Ölraffinerie der Welt, die allerdings im ersten Golfkrieg durch Saddam Hussein zerstört wurde.
Achämeniden	Alte iranische Dynastie, durch Kyros 549 vor Christus gegründet. Ihr wurde 331 vor Chr. durch den Sieg Alexander von Makedoniens über Darius III ein Ende gesetzt.
Adept des Meisters	Im Sufismus ordnet sich der Adept (Schüler) in der Tradition dem Meister bzw. seinem Führer völlig unter und versucht durch Askese das höchste Stadium, nämlich die Fana (das Ent-werden) bzw. die Beseitung des Egos und damit die Nähe zu Gott zu erreichen.
Afssariyeh	Teheraner Stadtteil.
Agha	Herr.
„Allaho akbar!"	„Gott ist groß!"
Assyrer	Bewohner Assyriens, des Gebietes zwischen Ararat-Hochland, Zagros-Gebirge und mittlerem Tigris.
Avicenna	Ibn Sina, iranischer Arzt und Philosoph, geb. 980 bei Buchara, gest. 1037 in Hamadan. Er zählte zu den bedeutendsten islamischen Gelehrten. Sein „Canon medicinae" war jahrhundertelang für die Medizin maßgebend.
Azan	Ruf zum Gebet.
Baba	Papa.
Tajrish	Stadtteil von Nordteheran.
Chaldäa	Eigentlich Landschaft am unteren Euphrat, später Bezeichnung für ganz Babylonien.

Chalzedon	Ein Edelstein.
Demawend	Höchster Berg des Elburz-Gebirges im Norden von Teheran.
Fedayin-Islam	Islamische politische Gruppe, die gegen das Schah-Regime kämpfte.
Fardin	Populärer iranischer Filmschauspieler.
Galgen	Seinen eigenen Galgen mit sich herumtragen: Bildhafte Ausdrucksweise für: Er hat schon immer mit der Todesstrafe gerechnet, hat diese stets erwartet
Gaz	Eine feine Süßigkeit aus Isfahan, die dem türkischen Honig ähnelt.
Gebetsstein	Wird auf den Gebetsteppich gelegt, damit die Stirn beim Gebet nicht den Boden berührt.
Gebetsteppich	Kleiner Teppich, auf den man sich zum Gebet niederkniet.
Ghadessieh	Ort an der ehemaligen iranischen Grenze, wo die arabisch-islamischen Truppen die entscheidende Schlacht gegen das Sassanidenreich führten.
Ghassre Shirin	Von Kurden bewohnte Grenzstadt in Westiran.
Hafez	Iranischer Dichter (1317 - 1390).
Haj/Haji	Titel derjenigen, die eine Pilgerfahrt nach Mekka unternommen haben.
Hamadan	Stadt im Westen Irans, Hautstadt des Mederreiches (Ekbatana).
Hamun	See in der Provinz Sistan in Ostiran, liegt teilweise in Afghanistan.
Hirmand	Fluß im iranischen Grenzgebiet zu Afghanistan.
Hochzeits-Ssofreh	Tischdecke, häufig auf dem Boden ausgebreitet, auf der traditionsgemäß bestimmte Dinge arrangiert werden, ein Koran, ein Spiegel, Kerzenständer, Süßigkeiten usw.
Imamzadeh	Grabmal eines Imams.

Khan	Herr.
Khanom	Frau.
Komitee	Kurz nach der iranischen Revolution gegründete Einheiten mit ähnlichen Aufgaben wie die Polizei.
Lashkarag	Wintersportort in den Bergen im Norden von Teheran.
Lawaschbrot	Dünnes Fladenbrot.
Maschallah!	„Bravo", wird oft wie „Toi, toi, toi" verwendet.
Nader Schah	Schah von Iran (1688-1747), Herrschaftszeit von 1736 bis zu seiner Ermordung. Dehnte sein Herrschaftsgebiet bis nach Indien aus.
Najaf	Pilgerort der Schiiten im Irak.
Naneh	Ein traditioneller Name für Mama, in der Erzählung wird die Hausdienerin so genannt, wie ihre Kinder sie im Dorf gerufen haben.
Naneh Khanom	„Frau Mutter".
Nebukadnezar	Durch Nebukadnezar II (605-562 v. Chr.) wurde das von seinem Vater Nabupolassar gegründete neubabylonische Reich noch einmal eine Großmacht mit einem Herrschaftsbereich bis Südpalästina. 539 wurde Babylon durch Kyros II erobert und das Chaldäerreich zerstört.
Nohruz	Iranisches Neujahrsfest. Es wird am Tag des Frühlingsanfangs (21. oder 22. März) gefeiert, mit Familienbesuchen und Geschenken für die Kinder.
Nuri al-Said	Irakischer Staatschef türkischer Abstammung, geb. 1888 in Bagdad, wurde 1958 ermordet.
Persepolis	Von Darius I. um 518 v. Chr. gegründete iranische Hauptstadt nordöstlich von Schiraz.
Petrodollar	Aus den Erdölgeschäften erwirtschaftete Devisen.

Rostam Farrochzad	Armeeführer der Sassanidenära.
Sabzewar	Stadt in Ostiran.
Saii-Park	Großer Park in Nordteheran.
SAVAK	Berüchtigter Geheimdienst des Schah-Regimes.
Schemrun	Teheraner Bezeichnung (Dialekt) für den Stadtteil Shemiran.
Shemiran	Feiner Teheraner Stadtteil.
Ssadabad-Palast	Empfangspalast des Schahs.
Ssamad Behrangi	Kritischer iranischer Schriftsteller (1938-1968).
Sufi-Orden	Orden der iranischen Mystiker.
Sumer	Südlicher Teil Mesopotamiens, hier entstanden die ersten Stadtstaaten.
Täbriz	Stadt in Nordwestiran, Provinzhauptstadt Azerbaidjans.
Taftunbrot	Fladenbrot, etwas dicker als Lawaschbrot.
Toman	Iranische Währungseinheit. 1 Toman entspricht 10 Rial.
Tschador	Gebetsschleier.
Tudeh-Partei	Kommunistische Partei.
Unter dem Koran hindurchlaufen	Beim Abschied unter dem von der Mutter oder einem anderen Familienmitglied in die Höhe gehaltenen Koran hindurchzulaufen, soll Schutz für die Reise bringen.
Zabol	Stadt in Ostiran.

Nachwort

Seit der islamischen Revolution im Jahr 1979 wurde und wird viel geschrieben über die Situation der Frauen in Iran. Es wurde berichtet über die Einschränkungen, denen ihr tägliches Leben durch die islamische Gesetzgebung unterliegt, über ihre Unterdrückung durch die patriarchalische Gesellschaft im allgemeinen und durch ihre Ehemänner, Brüder und Väter im Besonderen. Mit Verwunderung hat die deutsche Öffentlichkeit Berichte zur Kenntnis genommen, die heute, zwanzig Jahre nach der islamischen Revolution, von einer Frauenbewegung berichten, von emanzipatorischen Ansprüchen, die die Frauen formulieren und durchzusetzen versuchen.

Küche, Kinder, das genügt vielen heute nicht mehr. Wie vielen? Und warum? Hat es ihnen jemals genügt, oder wurden emanzipatorische Bestebungen, eingebettet in diese oder jene politische Bewegung, nur vom Ausland nicht zur Kenntnis genommen?

Die 1967 im Alter von 32 Jahren verstorbene Dichterin Forugh Farrochzad (sie kam unter ungeklärten Umständen bei einem Autounfall ums Leben) ist unter IranerInnen deshalb so beliebt, weil sie als erste dichtende Frau offen eigene Bedürfnisse ausgesprochen hat. Sie hat gezeigt, daß Frauen nicht nur ein Objekt und ein Stück Dreck sein wollen(wie Simin Daneshwar es in „Der Garten der Steine" zu Recht beklagt), und wie intensiv dieses Bedürfnis ist. Ihr Erfolg zeigt, daß sie vielen Frauen und auch Männern, die die Gleichberechtigung ernst nehmen, aus der Seele sprach.

Verhüllt in Mantel, Kopftuch oder den bodenlangen Tschador sind die Frauen in Iran heute selbstbewußter denn je. Viele ihrer Mütter trugen den Tschador vor zwanzig Jahren als Zeichen des Protests gegen den Schah und die westliche Bevormundung ihres Landes. Nur wenige Jahre später von den Mullahs allgemein verordnet und mit äußerster Härte durchgesetzt, ist er heute typisch für das Straßenbild der modernen Städte wie der Dörfer Irans, aus denen er die Frauen optisch gleichsam verschwinden läßt. Doch hier, wie in vielem, täuscht das Äußere. Die junge Frauengeneration kennt ihre Forderungen und weiß sie selbstbewußt zu stellen. Sicher ist es für uns Außenstehende nicht einfach, zu erkennen, wo für sie die Unterdrückung anfängt und ein möglicher Schutzraum aufhört.

Ich selbst war bei meinem ersten Besuch in Iran vor zehn Jahren überrascht, als mir eine Lehrerin berichtete, sie fände die Geschlechtertrennung im Bus (Frauen steigen hinten ein, Männer vorn, in der Mitte des Fahrgastraumes ist eine Stange angebracht, die Frauen und Männer trennt) gar nicht übel, ganz im Gegenteil. So sei sie in den häufig überfüllten Bussen wenigstens vor Belästigungen geschützt. Seit jenen „Aha-Erlebnissen", zu denen auch die Entdeckung von Jeans und Miniröcken unter dem Tschador gehörte, sind zehn Jahre vergangen. Die intensive Beschäftigung mit iranischer Literatur auch und gerade von Frauen hat mir viele Facetten des Lebens zugänglich gemacht. Das Entweder - Oder und das Schwarz oder Weiß ist einem breiten Spektrum von Schattierungen gewichen.

Fest steht, daß heute, zwanzig Jahre nach der Revolution, zehn Jahre nach Beendigung des sogenannten ersten Golfkrieges, der vom irakischen Regime begonnen und von der iranischen Führung unnötig in die Länge gezogen wurde, in Iran eine Generation herangewachsen ist, die aus eigener Erfahrung nur die herrschende iranisch-islamische Staatsform kennt. Die Mädchen sind daran gewöhnt, sich vom ersten Schuljahr an in der Öffentlichkeit zu verschleiern, an den Universitäten sitzen sie von ihren männlichen Kommilitonen durch einen Vorhang getrennt in der letzten Reihe. Das Studium verschiedener Fächer ist ihnen untersagt, Richterin dürfen sie nicht mehr werden, und vor Gericht haben die Stimmen zweier Frauen gerade soviel Gewicht wie die eines Mannes. Im alltäglichen Leben heißt das auch: Wer heiraten will, braucht zwei männliche Trauzeugen, oder vier weibliche.

Dennoch ist, daß die islamische Staatsform die Frauen nicht aus der Öffentlichkeit verdrängt hat, eine jener Wahrheiten, die im westlichen Ausland heute zunehmend ins öffentliche Bewußtsein drängen. Die Vermutung etwa, Iranerinnen sei, wie den Frauen in Saudi-Arabien, das Autofahren untersagt, wird allen, die einmal einen Fuß in dieses Land gesetzt haben, nicht mehr als ein erstauntes Lächeln abringen. Ganz selbstverständlich nehmen Iranerinnen am Steuer eines Pkw an dem für hiesige Begriffe oft chaotischen Verkehrsgeschehen teil.

Viel wichtiger: Die Frauen in Iran sind auf dem besten Weg dazu, zur Bildungselite des Landes aufzusteigen. Noch nie haben so viele Frauen an den iranischen Universitäten studiert, wie in diesen Tagen. Die Zahl der Schulabgängerinnen mit Abitur, die die landesweiten Aufnahmeprüfungen an den Universitäten bestanden hat, war 1998 bereits höher als die der jungen Männer, denen der Zugang zu den Hochschulen möglich wurde. Und das in einem Land, in dem Mitte der 90er Jahre nach offiziellen Angaben noch jeder fünfte erwachsene Mann und sogar jede dritte Frau Analphabetin war. 1995 erschienen in Iran trotz weiterhin bestehender Papierknappheit und Zensur insgesamt 9 716 Bücher. (In Deutschland waren es rund 70 000.) Der Lesehunger in Iran ist weitaus größer. Beliebt sind Übersetzungen aus anderen Sprachen, aber auch Klassiker und natürlich die modernen AutorInnen.

In den Werken der Autorinnen, von denen hier 18 versammelt sind, spiegeln sich zunehmend die neuen, modernen Verhältnisse wider. Das Land befindet sich trotz vielfältiger Probleme auf dem Weg zu einer modernen Industrienation. Etwa vierzehn der rund sechzig Millionen Iranerinnen und Iraner leben bereits in der Megastadt Teheran. Es gibt weitere vier Millionenstädte im Land. Zwei oder drei Millionen Iranerinnen und Iraner leben im Ausland. Gerade die Exil-IranerInnen stellen in vielerlei Hinsicht eine Brücke zum Leben in einer säkularen westlichen Gesellschaft dar. So sind die Menschen in Iran nicht nur via Satellitenschüssel mit dem Rest der Welt verbunden, sondern viele auch durch eines oder mehrere Familienmitglieder. Einerseits ist also eine ungeheure Dynamik im Lande zu erkennen, andererseits tut sich in diesem Spannungsfeld von Moderne und Tradition natürlich eine Vielzahl von Problemen auf, von denen einige in dieser Anthologie in zum Teil drastischer Weise thematisiert werden.

So bestürzen gerade die hier vorgelegten Erzählungen kritischer Autorinnen durch ihre Problemträchtigkeit. Immer wieder sehen wir Frauen vor Probleme der Selbstfindung, ja, der Selbstdefinition gestellt. Hier werden, häufig noch verschlüsselt, Bedürfnisse nach Anerkennung und Liebe, nach freier Wahl der Lebensgestaltung und des Partners formuliert. Zugleich wird die Kälte zum Ausdruck gebracht, wie in Farkhondeh Aghais Erzählung „Wolga", in einem Land, in dem es für gescheiterte Frauen mit Mühe und Not noch eine Unterkunft bei der „Obdachlosenhilfe West" gibt. Besonders bestürzt hat mich die Erzählung „Mein Haus im Himmel" von Goli Taraghi. Die Auflösung der Großfamilie allein reicht als Erklärung für die hier geschilderten Nöte alter Menschen in einer Gesellschaft im Umbruch nicht aus. Gerade in ihrer Eindringlichkeit führt uns die Autorin die auch in den westlichen Industriestaaten nicht befriedigend gelösten Probleme bei der Betreuung alter Menschen vor Augen. Die Alten als „nutzlos" gewordene Mitglieder einer Leistungsgesellschaft hier wie dort. Verschärft wird das trotz guten Willens bestehende Betreuungsproblem in Iran dadurch, daß viele Familien durch die Emigration über Tausende Kilometer hinweg auseinandergerissen wurden.

Vom Leben in der Fremde erzählen „Der Nebel" von Shalah Shafigh und „Staubflut" von Ssoudabeh Ashrafi, und zwar interessanterweise in beiden Fällen aus der Perspektive eines Mannes. Wie schon die Titel andeuten, scheint hier eine Orientierungslosigkeit im Vordergrund zu stehen. Thematisiert wird die Bitternis des Fremdseins, das Alleinsein, als einzelne Person wie auch als Kernfamilie, das heißt als Ehepaar mit Kind. Für viele ist heute der Rückweg versperrt, die Vergangenheit bleibt unbearbeitet und allgegenwärtig.

Andere Autorinnen beschreiben das Gefangensein in Passivität und Träumereien, zu dem sich junge Frauen in vielerlei Hinsicht in Iran noch verdammt sehen. Bis auf die Erzählung von Behjad Malak-Kiani („Oh Baba") sind es Frauen der Mittelschicht, deren Probleme thematisiert werden. Daß die Autorinnen hier nicht aus Stilgründen arme Frauen, etwa Bäuerinnen, zum Sujet ihrer Werke machen, dürfte von ihrem Selbstbewußtsein und ihrer Fähigkeit zeugen, eigene Erfahrungen zu verarbeiten und Mißstände aus eigener Sicht zum Ausdruck zu bringen.

Die Erzählungen sind also äußerst kritisch. Sie zeichnen kein rosiges Bild vom (Frauen-)Leben in Iran. Aber gerade das kann als positives Zeichen gewertet werden, daß sich hier kritische Stimmen äußern und Gehör verschaffen. Und das ist es, was sie so lesenswert macht, daß sie aufrütteln und auch Verhältnisse schildern, die uns häufig selbst nur allzu gut vertraut sind und die kritisch zu betrachten wir uns vielleicht schon abgewöhnt haben.

Denn es ist schon längst an der Zeit, daß wir Europäerinnen nicht mehr mitleidig zu unseren „armen Schwestern" in den islamischen Ländern hinüberschauen. Diese Anthologie dürfte eine Möglichkeit bieten, einige dieser selbstbewußten und daher ganz und gar nicht „armen" Schwestern kennenzulernen. Dabei dürfte sie vielleicht auch eine Idee davon vermittelt haben, daß das Leben in einem entfernten Land wie Iran so ganz anders doch nicht ist.

Sabine Allafi

Die Autorinnen

Aghai, Farkhondeh. 1956 in Teheran geboren, studierte Gesellschaftswissenschaften, arbeitet als Angestellte. In deutscher Sprache liegt vor: „Heckenrose im Wind..." (1997, Glaré).

Amir-Shahi, Mahshid. 1937 geboren, lebt und arbeitet in Frankreich. In deutscher Sprache liegt vor: „Hier und zu dieser Stunde" (1981), „Regen und Einsamkeit" (1984).

Ashrafi, Ssoudabeh. 1960 in Iran geboren, lebt in Kalifornien. Veröffentlichungen in verschiedenen Zeitschriften, Mitherausgeberin einer Literaturzeitschrift in persischer Sprache in den USA. In deutscher Sprache: „Welcher Augenblick?" (1998, Glaré).

Bahrami, Azardokht. 1963 geboren. Sie lebt und arbeitet in Teheran, u. a. bei unabhängigen Kulturzeitschriften.

Daneshwar, Simin. 1921 in Schiraz/Iran geboren. Bis 1981 assoziative Professorin an der Fakultät für Schöne Künste der Universität Teheran. Sie lebt und schreibt in Teheran. Zahlreiche Veröffentlichungen. In deutscher Sprache liegen vor: „Wen soll ich denn grüßen" (1981), „Die Schlange und der Mann" (1995, Glaré), „Grenze und Maske" (1997, Glaré), „Drama der Trauer (Savushun)" (1997, Glaré), „Frag' doch die Zugvögel!" (1998, Glaré).

Farrochzad, Forugh. Berühmteste zeitgenössische iranische Lyrikerin (1935 - 1967). Ein großer Teil ihrer Werke liegt auch in deutscher Sprache vor.

Hedjasi, Khatereh. Dichterin und Lyrikerin. Lebt und arbeitet in Iran, veröffentlichte bislang mehrere Erzählungen sowie einen Roman.

Mazarei, Mehrnush. Geboren 1951 in Teheran, lebt und arbeitet in Los Angeles/USA. Sie gab zwischen 1990 und 1992 das Literaturmagazin „Forugh" heraus, das sich in erster Linie mit Frauenliteratur beschäftigte.

Parsa, Nasrin. In Kermanschah/Iran geboren. Erste schriftstellerische Tätigkeit bei ihrer Schulzeitung, später zahlreiche Veröffentlichungen in iranischen Zeitschriften. Lebt seit 1986 im deutschen Exil in Frankfurt/Main. Arbeitet als Fernsehautorin für den Hessischen Rundfunk.

Rahimzade, Mah-Kahmeh. 1961 in Iran geboren, Lehrerin, lebt in Teheran. Hat in Iran zwei Erzählbände veröffentlicht, wartet noch auf die Erlaubnis für die Veröffentlichung ihres ersten Romans. In deutscher Sprache: „Hassti" (1998, Glaré).

Ravanipur, Moniro. 1954 in Iran geboren, lebt und arbeitet in Teheran. Zahlreiche Veröffentlichungen. In deutscher Sprache: „Die Steine des Satans. Erzählungen" (1996, Glaré), „Die traurige Geschichte einer Liebe" (1997, Glaré), „Schauspielerei" (1998, Glaré).

Shafigh, Shalah. 1954 in Iran geboren. Sie lebt und arbeitet in Frankreich, wo sie einige Bücher über Frauen in Iran in französischer Sprache und zahlreiche Erzählungen in persischer Sprache veröffentlichte.

Sharifzadeh, Manssureh. 1953 in Iran geboren, Autorin und Übersetzerin zahlreicher Bücher über Frauen.

Ssari, Fereshte. 1954 in Teheran geboren. Studium der Informatik und der Russischen Literatur. Sie arbeitet als Übersetzerin und hat auch eigene Romane und Gedichtbände veröffentlicht. Fereshte Ssari wurde 1999 in Deutschland mit einem Preis ausgezeichnet.

Tabatabai, Nahid. 1958 in Teheran geboren. Sie studierte Theaterwissenschaften. Lebt und arbeitet in Teheran.

Taraghi, Goli: 1939 in Teheran geboren. Schriftstellerin, Übersetzerin, Universitätsdozentin für Mythologie. In deutscher Sprache liegt vor: „Die Reise" (1997, Glaré).

Yalfani, Mehri: In Westiran geboren, lebt und arbeitet heute in Kanada. Sie hat zahlreiche Erzählungen veröffentlicht, auch in englischer Sprache ist von ihr ein Erzählband (1995) erschienen.

Neue iranische Literatur -
Anthologien bei Glaré

* * * * *

Östliche Brise. Ein literarisches Forum
Moderne iranische Erzählungen.
Glaré Verlag 1998.
Reihe „East meets West" Bd. 3
168 Seiten, Ebr., DM 29,80
ISBN 3-930761-12-2

* * * * *

Das kleine Geschenk
Eine Anthologie moderner iranischer Erzählungen.
Glaré Verlag 1995.
Reihe „Der andere Orient" Bd. 2
192 Seiten, gebunden, DM 29,80
ISBN 3-930761-01-7

* * * * *

Ein Bild zum Andenken
Eine zweite Anthologie
moderner iranischer Erzählungen.
Glaré Verlag 1997.
Reihe „Der andere Orient" Bd. 9
240 Seiten, gebunden, DM 34,80
ISBN 3-930761-08-4

Weitere lieferbare Titel:

→← East meets West

M.H. Allafi: Die Nächte am Main. Roman.
240 Seiten, Engl. Brosch. ISBN 3-930761-10-6. DM 29,80

Parviz Sadighi: Capriccio nach Cervantes. Erzählungen.
96 Seiten, Engl. Brosch. ISBN 3-930761-09-2. DM 19,80

Der andere Orient

Esmail Fassih: Winter '83. Roman.
376 Seiten, Engl. Brosch. ISBN 3-930761-11-4. DM 39,80

Simin Daneshwar: Drama der Trauer. Savushun. Roman.
368 Seiten, geb. ISBN 3-930761-07-6. DM 39,80

Ahmad Mahmud: Die Rückkehr. Roman.
208 Seiten, geb. ISBN 3-930761-06-8. DM 36,80

Moniro Ravanipur: Die Steine des Satans. Erzählungen.
130 Seiten, Engl. Brosch. ISBN 3-930761-04-1. DM 29,80

M.H. Allafi: Verloren. Erzählung.
130 Seiten, geb. ISBN 3-930761-02-5. DM 26,80

M.H: Allafi: Die Nähmaschine. Erzählung.
80 Seiten, Paperb. ISBN 3-930761-00-9. DM 11,80

Das kleine Geschenk. Iranische Anthologie.
192 Seiten, geb. ISBN 3-930761-01-7. DM 29,80

Ein Bild zum Andenken. Iranische Anthologie.
240 Seiten, geb. ISBN 3-930761-08-4. DM 34,80

Das moderne orientalische Drama

Gholamhossein Saedi: Klein a, groß A.
80 Seiten, Paperb. ISBN 3-930761-05-x. DM 16,80

M.H. Allafi: Unter Strom.
80 Seiten, Paperb. ISBN 3-930761-03-3. DM 16,80